보고 듣고 따라하는

New 일본어
첫걸음

박유자 지음

J PLUS
Language Publishing Co.

머리말

날로 국제관계가 더욱 긴밀해지고, 이제는 일본 영화를 안방에서 선택해서 볼 수 있게 되었습니다. 흔히 일본어를 우리나라 사람이 가장 배우기 쉬운 언어라고 하는데, 그것은 어순이 같고 문법도 거의 비슷하여 단어만 알면 초보자라도 간단한 말은 바로 익힐 수 있기 때문이겠지요. 한국과 일본은 서로 비슷한 부분도 많고 또 전혀 다른 특징을 가진 만큼 앞으로도 서로의 문화에 대한 관심이 더욱 커질 것입니다.

이런 시점에서 이 책은 일본어를 처음부터 배우려는 학습자를 위해 만들었습니다. 처음 배우는 사람이 흔히 부딪힐 수 있는 문법의 복잡한 부분을 알기 쉽고 또한 재미있게 공부할 수 있도록 구성하여, 일본어 글자 익히기부터 시작하여 문법의 기초를 다지는 것은 물론, 첫 단계에서부터 간단한 회화를 통하여 쉬운 표현을 외우고 말할 수 있도록 하였습니다. 또한 적절한 이해를 돕기 위해 400여 컷에 달하는 흥미진진한 그림으로 그림만 보아도 저절로 말을 할 수 있도록 편집한 것도 다른 책과 또 다른 특징이라 할 수 있습니다. 표현 하나하나를 음원으로 들으면서 그림과 함께 익힌다면 기억에도 오래 남고 재미있게 공부할 수 있을 것입니다.

너무 많은 내용을 무리하게 담기보다는 초보 학습자가 배워야 할 일본어의 기본을 10과에 알차게 담아, 독학용은 물론 중고등학교 등에서도 활용되면 알기 쉽고 재미있게 배울 수 있으리라 생각합니다. 이 교재가 끝나면 다음 단계로 「스타트 일본어 회화 1,2」로 본격적으로 공부한다면 무리 없이 단계를 밟아나갈 수 있습니다. 특히 전면 컬러에 스토리식 회화전개로 보다 생생하고 시각적으로도 학습의 재미를 더해줄 것이라 믿습니다.

끝으로 이 책이 나오기까지 여러모로 애써 주신 이기선 실장님과 김승유 사장님께도 이 자리를 빌어 깊은 감사를 드리며, 모쪼록 이 책이 일본어를 배우고 일본을 알려고 하는 분들의 좋은 길잡이가 되었으면 하는 바람과 함께 이 모든 것을 하나님께 감사드립니다.

박유자

책의 구성과 활용방법

QR코드 🎧

강의와 MP3음원을 바로 들을 수 있어요. 트랙이 나누어져 있어서 원하는 부분만 골라서 들을 수 있습니다.

해설강의듣기

MP3음원듣기

주요표현 익히기

그 과에 나오는 주요 표현들을 모은것입니다. 알아두면 요긴하게 쓸 수 있는 표현들로만 되어 있으므로 꼭 외우도록 하세요.

렛츠토크

앞에서 익힌 주요표현과 함께 자연스러운 회화를 익히는 코너입니다.
음원들을 들으면서 네이티브의 발음과 억양을 듣고 따라해 보세요.

듣기훈련코스

흔히 소홀해지기 쉬운 듣기부분을 첫단계부터 차근차근 밟아나갈 수 있도록 고안하였습니다.
한번 들어서 잘 못 알아들은 부분이 있다면 여러번 반복해서 들어 보세요.

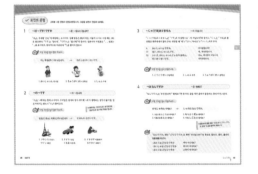

문법을 꽉잡아주는 포인트문형

그 과에서 꼭 알아야 할 문법사항을 설명과 함께 하나하나 연습할 수 있도록 하였습니다.
그림의 단어를 익히고 대치연습할 수 있도록 구성되어 있습니다.

얏떼미요

게임방식으로 그 과에서 배운 내용을 응용하여 재미있게 연습해 보는 코너입니다.

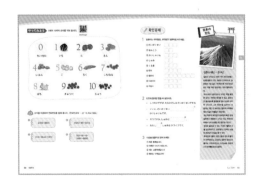

확인문제/ 일본 문화

그 과에서 배운 내용을 확인하는 간단한 문제풀이와 일본의 생활문화를 엿볼 수 있습니다.

차례

일본어 글자와 발음 p.6

일본어 글자 익히기 | 히라가나

트랙 01.mp3

일본어는 히라가나와 가타카나, 한자로 구성되어 있다.
히라가나의 글자 수는 모두 46개지만, 이 도표를 흔히 50음도라고 한다.

청음 아이우에오・카키쿠케코 다섯 음으로 읽는 각 줄을 각각 첫글자를 따서 아(あ)행, 카(か)행이라고 부른다.
아카사타나하…・이키시치니히…와 같이 모음발음이 같은 글자 한 줄을 아(あ)단, 이(い)단과 같이 부른다.

あ	い	う	え	お
か	き	く	け	こ
さ	し	す	せ	そ
た	ち	つ	て	と
な	に	ぬ	ね	の
は	ひ	ふ	へ	ほ
ま	み	む	め	も
や		ゆ		よ
ら	り	る	れ	ろ
わ				を
ん				

＊자판에 입력할 때 を는 [wo], ん은 [nn]으로 입력.

탁음 · 반탁음

탁음은 글자 어깨에 탁음부호 「゛」가 붙은 글자로, が ざ だ ば행이 있고, 반탁음은 글자 어깨에 반탁음부호 「゜」가 붙은 글자로, ぱ행 하나뿐이다.

が	ぎ	ぐ	げ	ご
ざ	じ	ず	ぜ	ぞ
だ	ぢ	づ	で	ど
ば	び	ぶ	べ	ぼ
ぱ	ぴ	ぷ	ぺ	ぽ

＊ じ와 ぢ, ず와 づ는 발음이 똑같다. 원래 단어 ち, つ가 탁음화된 경우 외에는 じ, ず로 쓴다.
자판 로마자 입력은 각각 じ(zi) ぢ(di), ず(zu) づ(du)로 구분한다.

요음

[i]음이 나는 글자 「き し ち に ひ み り」 「ぎ じ び ぴ」에 「や ゆ よ」를 원래 글자의 반각크기로 작게 써서 붙인 음이다. 단, 발음할 때는 한 박자로 발음해야 한다.

きゃ	きゅ	きょ	しゃ	しゅ	しょ
ちゃ	ちゅ	ちょ	にゃ	にゅ	にょ
ひゃ	ひゅ	ひょ	みゃ	みゅ	みょ
りゃ	りゅ	りょ			

트랙 02.mp3

가타카나는 주로 외래어를 표기할 때 쓰는데 동물, 음식 이름, 고유명사의 줄임말 등을 표기할 때도 쓴다.

청음　가타카나는 히라가나와 발음은 같고 글자 모양만 다르다.
히라가나에 비해 획수가 간단하고 글자가 약간 각진 것이 특징이다.

ア	イ	ウ	エ	オ
カ	キ	ク	ケ	コ
サ	シ	ス	セ	ソ
タ	チ	ス	テ	ト
ナ	ニ	ヌ	ネ	ノ
ハ	ヒ	フ	ヘ	ホ
マ	ミ	ム	メ	モ
ヤ		ユ		ヨ
ラ	リ	ル	レ	ロ
ワ				ヲ
ン				

* ヲ는 현대 일본어에서는 쓰이지 않는다.

탁음·반탁음

탁음은 글자 어깨에 탁음부호 「ﾞ」가 붙은 글자로, ガ ザ ダ バ행이 있고, 반탁음은 글자 어깨에 반탁음부호 「ﾟ」가 붙은 글자로, パ행 하나뿐이다.

ガ	ギ	グ	ゲ	ゴ
ザ	ジ	ズ	ゼ	ゾ
ダ	ヂ	ヅ	デ	ド
バ	ビ	ブ	ベ	ボ
パ	ピ	プ	ペ	ポ

요음

[i]음이 나는 글자 「キ シ チ ニ ヒ ミ リ」「ギ ジ ビ ピ」에 「ヤ ユ ヨ」를 원래 글자의 반각크기로 작게 써서 붙인 것이다. 단, 발음할 때는 한 박자로 발음해야 한다.

キャ	キュ	キョ	シャ	シュ	ショ
チャ	チュ	チョ	ニャ	ニュ	ニョ
ヒャ	ヒュ	ヒョ	ミャ	ミュ	ミョ
リャ	リュ	リョ			

히라가나 발음 연습 | あ행

일본어의 기본모음이다. / う는 '우'와 '으'의 중간음,
え는 '에'와 '애'의 중간음으로 발음한다.

트랙 03.mp3

あい 사랑

あ	あ					

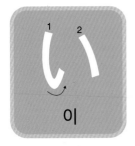

いえ 집

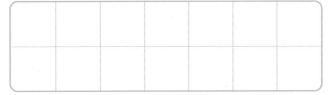

うえ 위

え 그림

あお 파랑

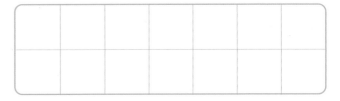

 **か행**

초성으로 쓰일 때는 'ㄱ'과 'ㅋ'의 중간음, 단어의 중간이나 끝에 오면 'ㄲ'에 가깝게 발음한다.

か 카

 かお 얼굴

き 키

 あき 가을

서체에 따라 き로 표기되지만, 손으로 쓸 때는 き로 쓰는 것이 일반적이다.

く 쿠

 くつ 구두

け 케

 けいたい 휴대폰

こ 코

 たこ 연

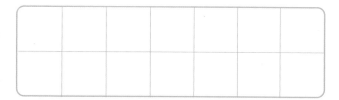

さ행

す는 '스'와 '수'의 중간음으로 발음한다.

트랙 04.mp3

さ
사

かさ 우산

し
시

した 아래

す
스

すいか 수박

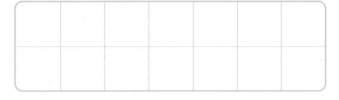

せ
세

せんせい 선생님

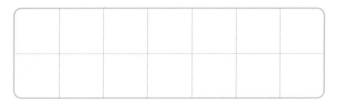

そ
소

そら 하늘

そ로 쓰기도 한다.

た행

た,て,と는 초성에 오면 'ㄷ'과 'ㅌ' 중간음으로 발음하고, 중간이나 끝에 오면 'ㄸ'에 가깝게 발음한다.
ち는 초성에 오면 'ㅊ'에 가깝게 발음하고 단어 중간이나 끝에 오면 'ㅉ'에 가깝게 발음한다.

타

たい 도미

치

いち 일(1)

츠

つくえ 책상

테

て 손

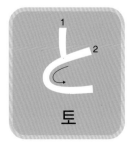

토

とけい 시계

な행

ぬ는 '누'와 '느'의 중간음으로 발음한다.

나

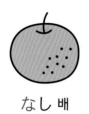
なし 배

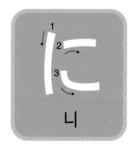
니

にほん 일본

누

いぬ 개

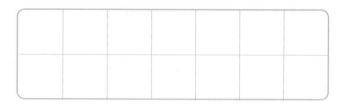

네

ねこ 고양이

노

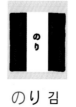
のり 김

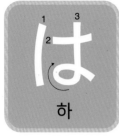 **は**행

は행은 '하 히 후 헤 호'와 같이 발음하면 된다.

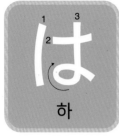 **は**
하

はな 코

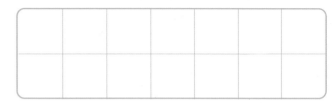

 **ひ**
히

ひく 당기다

 **ふ**
후

さいふ 지갑

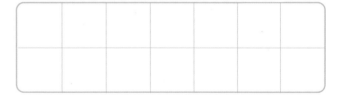

 **へ**
헤

へそ 배꼽

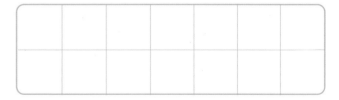

 **ほ**
호

ほし 별

かな

む는 '무'와 '므'의 중간음으로 발음한다.

트랙 06.mp3

마

なまえ 이름

미

みみ 귀

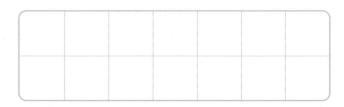

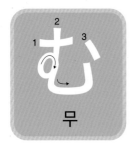
무

むし 벌레

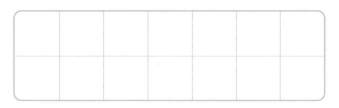

메

め 눈

모

もも 복숭아

や행

반모음이다. 반각으로 작게 써서 요음으로도 쓰이고 단독으로도 쓰인다.

や 야

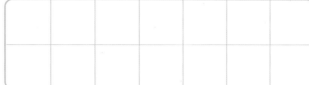

やま 산

ゆ 유

ゆき 눈

よ 요

よむ 읽다

 읽어 보세요.

あ	め	비		ぬ	の	천

す	む	살다		こ	い	잉어

ら행

る는 '루'와 '르'의 중간음이다. 영어의 r 처럼 발음하지 않아도 된다.

트랙 07.mp3

ら
라

さくら 벚꽃

り
리

りんご 사과

る
루

さる 원숭이

れ
레

れいぞうこ 냉장고

ろ
로

ろく 6

わをん

ん은 일본어에서 받침역할을 하는 글자다. 로마자로 입력할 때는 [nn]으로 한다.

わ
와

わたし 나(1인칭)

を
오

を ~을/를(목적격조사)
~をよむ(~을 읽다)

ん
응

みかん 귤

비교해보세요. - 읽기 어려운 글자

| ね | れ | わ | | る | ろ |

| う | ら | | | さ | き |

트랙 08.mp3

아

アイスクリーム
아이스크림

ア	ア				

이

イギリス 영국

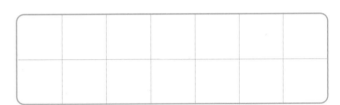

우

ソウル 서울

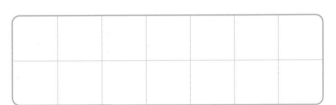

에

エレベーター
엘리베이터

오

オレンジ 오렌지

カ행

カ
카

カメラ 카메라

キ
키

キー 키

ク
쿠

クレヨン 크레용

ケ
케

ケーキ 케이크

コ
코

コーヒー 커피

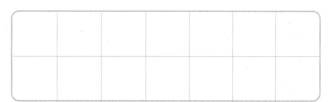

트랙 09.mp3

サ
사

サッカー 축구

シ
시

シーソー 시소

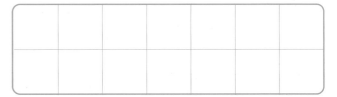

ス
스

スキー 스키

セ
세

セール 세일

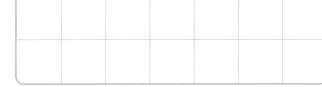

ソ
소

ソース 소스

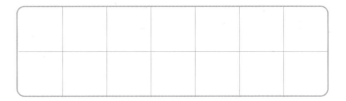

タ행

타

タクシー 택시

치

チキン 치킨

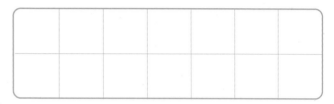

츠

ツアー 투어

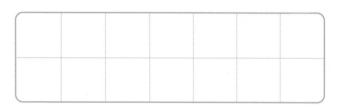

테

テーブル 테이블

토

トースト 토스트

ナ행

트랙 10.mp3

ナ
나

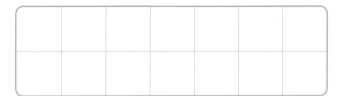

ナイフ 나이프

ニ
니

ソニー 소니

ヌ
누

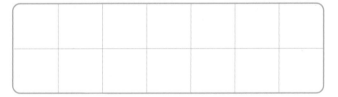

ヌードル 누들

ネ
네

ネクタイ 넥타이

ノ
노

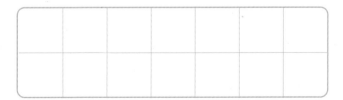

ノート 노트

ハ행

ハ
하

ハイキング
등산, 하이킹

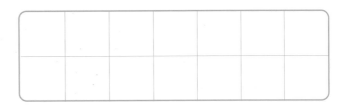

ヒ
히

ヒーター 히터

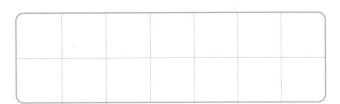

フ
후

フランス 프랑스

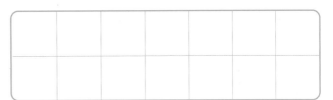

ヘ
헤

ヘリコプター
헬리콥터

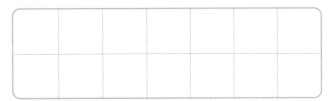

ホ
호

ホテル 호텔

트랙 11.mp3

マイク 마이크

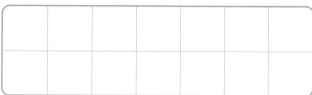

ミルク 우유

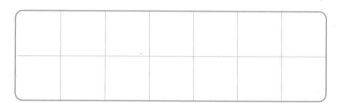

ムード 무드

メロン 멜론

モデル 모델

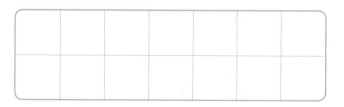

ヤ행

야

ヤード 야드
(yard 길이의 단위)

유

ユーターン U턴

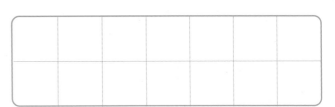

요

ヨット 요트

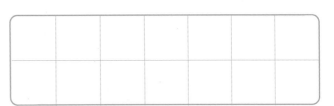

모양이 비슷하여 틀리기 쉬운 글자

트랙 12.mp3

라

ラーメン 라면

리

リボン 리본

루

ルビー 루비

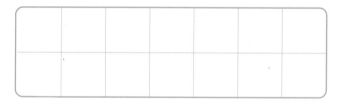

레

レモン 레몬

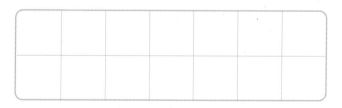

로

ローマ 로마

ワヲン

ワ 와

ワイン 와인

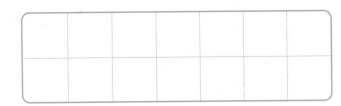

ヲ 오

현대어에서는
쓰이지 않음.

ン 응

パン 빵

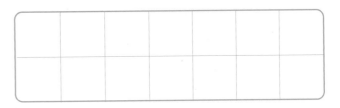

모양이 비슷하여 틀리기 쉬운 글자

발음연습

 다음 단어를 읽어 보세요.

탁음

ともだち 친구

かがみ 거울

いちご 딸기

반탁음

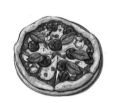

ピザ 피자

プレゼント 선물

デパート 백화점

요음

じてんしゃ 자전거

じゃがいも 감자

しゃしん 사진

ジュース 주스

ジャム 잼

チョコレート 초콜릿

촉음

촉음은 っ를 반각크기로 작게 써서 받침역할(ㄱ, ㅅ, ㅂ)을 하는 글자이다. 단, 촉음은 요음과 달리 글자는 작게 쓰지만, 박자는 한 박자를 가진다. 따라서 너무 빨리 발음하지 말고, 음값을 살려서 발음하도록 해야 한다.

おと(소리) : 2박자   おっと(남편) : 3박자

じゅうにん(10명) : 4박자   じゅっさつ(10권) : 4박자

おと 소리	おっと 남편	けしょう 화장	けっしょう 결승
せけん 세상	せっけん 비누	かき 감	かっき 활기
がか 화가	がっか 학과	やつ 녀석, 놈	やっつ 여덟 개

장음

글자 뒤에 같은 모음이 오면 따로 읽지 않고 길게 읽는 것을 장음이라고 한다. 각각 장음이 오는 규칙이 있으니 다음 표를 보고 연습해보자.

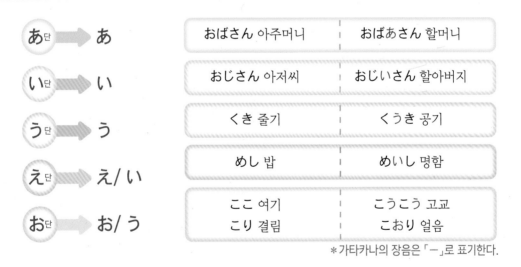

あ단 ➡ あ

い단 ➡ い

う단 ➡ う

え단 ➡ え / い

お단 ➡ お / う

おばさん 아주머니	おばあさん 할머니
おじさん 아저씨	おじいさん 할아버지
くき 줄기	くうき 공기
めし 밥	めいし 명함
ここ 여기 こり 결림	こうこう 고교 こおり 얼음

*가타카나의 장음은 「ー」로 표기한다.

おばさん
아주머니

おばあさん
할머니

いえ
집

いいえ
아니오

ん발음의 유무

「ん」발음은 받침역할을 하는 글자로, 뒤에 오는 단어에 따라 'ㅁ, ㄴ, ㅇ'으로 발음한다.
「ん」발음 역시 한 음절의 길이를 가진다.

はこ 상자

はんこ 도장

きねん 기념

きんえん 금연

は행과 あ행

はな 꽃

あな 구멍

さ행과 は행

しろい 희다

ひろい 넓다

그밖에 주의해야 할 발음

 박자와 촉음, 장음 등에 유의하여 다음 단어를 읽어 보세요.

①	たす 더하다	たつ 서다
②	ちゅうこく 충고	つうこく 통고
③	しんじょう 심정	しんぞう 심장
④	じゃらじゃら 짤랑짤랑	ざらざら 거칠거칠
⑤	かんい 간이	かんり 관리
⑥	せんねん 전념	せんれん 세련
⑦	しあい 시합	しんあい 친애
⑧	てんき 날씨	でんき 전기
⑨	からす 까마귀	ガラス 유리
⑩	こんにゃく 곤약	こんやく 약혼

あいさつ

주요표현 일상생활에서 자주 쓰는 인사말

해설강의 듣기　트랙 15.mp3

오하요 - 고자이마스　　오하요 -
おはようございます。 / おはよう。
안녕하세요? / 안녕?(아침인사)

일본어는 영어처럼 때에 따라 인사말이 다르다. 「おはよう
ございます」는 「はやい(일찍이다)」에서 비롯된 말로, '참
일찍이십니다' 하고 인사한 데서 나온 말이다. 친구나 손아
랫사람에게는 「おはよう」라고 한다.

곤 니 치 와
こんにちは。
안녕하세요? / 안녕?(낮인사)

「こんにちは」는 낮시간에 쓸 수 있는 인사말로 따로 경어
표현이 없다. 직역하면 '오늘은?'이지만 '당신의 오늘 하루는
어때요?'라는 의미가 포함되어 있다. 단, 여기서 「は」는 원
래는 [하]지만 [와]로 발음하는 것에 주의!

곰 방 와
こんばんは。
안녕하세요? / 안녕?(저녁인사)

저녁때 인사로, 직역하면 '오늘밤은?'이란 뜻이지만, 위
의 「こんにちは」와 마찬가지로 '당신의 오늘 저녁은 어때
요?(좋아요?)'라는 뜻이 내포되어 있다.

오 야 스 미 나 사 이　　오 야 스 미
おやすみなさい。/ おやすみ。
안녕히 주무세요. / 잘 자.

밤에 잠자리에 들기 전에 하는 말. 밤에 헤어질 때 인사말로
대신 쓰기도 한다.

도 - 모　아 리 가 토 - 고 자 이 마 스
どうも ありがとうございます。
대단히 고맙습니다.

「ありがとうございます。」는 '고맙습니다' '감사합니다'로
가령 지금 선물을 받을 때와 같은 경우에 쓰는 말이고, 이미
어떤 도움을 받았을 때는 「ありがとうございました。(고마
웠습니다.)」라고 한다.

이 - 에　　도 - 이 따 시 마 시 떼
いいえ、どういたしまして。
아뇨, 천만에요.

고맙다는 인사에 대한 응답표현. 이런 표현은 짝으로 외웠다
가 상대방이 고맙다고 인사하면 자동적으로 바로 나와야 하
는 표현이다.

오 겡 키 데 스 까
おげんきですか。　　　건강하세요?

하 이　오 카 게 사 마 데
はい、おかげさまで。　　　네, 덕분에요.

몸 건강히 잘 있는지 안부를 묻는 표현이다. 「ええ、おかげ
さまで。(네, 덕분에요.)」 뒤에 「げんきです。(건강해요. / 잘
지내고 있어요.)」를 덧붙여도 좋다.

잇 떼 키 마 스
いってきます。　　　다녀오겠습니다.

잇 떼 랏 샤 이
いってらっしゃい。　　　다녀오세요.

보통 집에서 많이 쓰지만, 회사에서 직장 동료가 잠시 어디
를 다녀올 때도 쓸 수 있다. 좀 더 정중하게 말할 때는 「いっ
てまいります。(다녀오겠습니다.)」 「いっていらっしゃい。
(다녀오십시오.)」라고 한다.

타 다 이 마
ただいま。　　　다녀왔습니다.

오 카 에 리 나 사 이
おかえりなさい。　　　이제 오세요?

「ただいま」는 '다녀왔습니다, 이제 왔어, 나 왔어' 등의 뜻으
로 특별히 정중한 표현이 없이 누구나 쓸 수 있는 표현이다.
이 때 맞이하는 사람은 「おかえりなさい。」라고 하는데 반
말은 「おかえり。(어서 와)」라고 한다.

이 타 다 키 마 스
いただきます。
잘 먹겠습니다.

꼭 식사 때만이 아니라 뭔가를 마실 때도 쓸 수 있는데, 상대방이 자신을 위해 음료수 같은 것을 준비해 줬을 때도 이렇게 인사한다.

고 치 소 - 사 마 데 시 따
ごちそうさまでした。
잘 먹었습니다.

식사가 끝난 뒤에 하는 말. 간단하게 말할 때는「ごちそうさま。」라고도 한다.

오 사 키 니 시 츠 레 - 시 마 스
おさきに しつれいします。
먼저 가겠습니다. / 먼저 퇴근하겠습니다.

「しつれいします。」는 원래 '실례하겠습니다'란 뜻인데, 여기서는 '가겠습니다'란 뜻으로 직장에서 먼저 퇴근할 때나 어떤 자리에서 먼저 일어날 때 쓰는 말이다.

おつかれさまでした。
수고하셨습니다.

보통 직장에서 많이 쓰는 표현이다.

시 츠 레 - 시 마 스
しつれいします。　　　　　실례하겠습니다.
하 이　　도 - 조
はい。どうぞ。　　　　　네, 들어오세요.

여기서 「しつれいします。」는 '실례합니다, 실례하겠습니다'
의 뜻으로 남의 사무실이나 집에 들어갈 때 쓰는 표현이다.
유사표현으로 「おじゃまします。」가 있는데 이것은 보통 집
을 방문했을 때 쓴다.
「はい、どうぞ。」는 '네, 들어오세요'란 뜻인데, 「どうぞ」는
원래 '부디'란 뜻이지만, '하세요, 그러세요, 여기 있어요' 등
다양한 장면에서 쓸 수 있다.

사 요 - 나 라
さようなら。
안녕히 가세요. / 안녕히 계세요.

헤어질 때의 인사말. 하지만 오늘 헤어졌다가 내일 또 만날
사람에게는 「じゃ、また あした。(그럼, 내일 또.)」라고 하
는 것이 자연스럽다. 「さようなら。」는 작별인사 즉, 얼마동
안 헤어지게 될 사람에게 쓰는 말이다.

🎧 듣기 훈련 코스

잘 듣고 아래 질문에 답하세요.

트랙 18.mp3

1 들은 순서대로 체크하세요.

こんにちは。	**1**	さようなら。	
いただきます。		ごちそうさま。	
おげんきですか。		はい、おかげさまで。	
ありがとうございます。		どういたしまして。	
いってきます。		いってらっしゃい。	

2 음원을 듣고 그 대답으로 적당한 표현을 고르세요.

❶
こんにちは。

Ⓐ こんにちは。

Ⓑ ⓐ こんばんは。
　 ⓑ はい、おかげさまで。
　 ⓒ さようなら。
　 ⓓ こんにちは。

❷
ありがとう
ございます。

Ⓐ ありがとうございます。

Ⓑ ⓐ いただきます。
　 ⓑ はい、おかげさまで。
　 ⓒ いいえ、どういたしまして。
　 ⓓ ただいま。

❸
しつれいします。

Ⓐ しつれいします。

Ⓑ ⓐ はい、どうぞ。
　 ⓑ おつかれさまでした。
　 ⓒ いってらっしゃい。
　 ⓓ おかえりなさい。

1 해당하는 것끼리 선으로 이으세요.

① 아침에 만났을 때 ●————————● ⓐ おはようございます。

② 저녁때 누군가를 만났을 때 ● ● ⓑ いただきます。

③ 상대의 안부를 물어볼 때 ● ● ⓒ おげんきですか。

④ 식사하기 전에 ● ● ⓓ ありがとうございます。

⑤ 식사후에 ● ● ⓔ ごちそうさまでした。

⑥ 외출했다가 돌아왔을 때 ● ● ⓕ さようなら。

⑦ 감사를 표할 때 ● ● ⓖ おやすみなさい。

⑧ 방으로 들어가기 전에 ● ● ⓗ ただいま。

⑨ 잠자기 전에 ● ● ⓘ こんばんは。

⑩ 헤어질 때 ● ● ⓙ しつれいします。

2 다음 빈칸에 들어갈 말을 히라가나로 쓰세요.

① おはよう☐☐います。

② ごち☐☐さまでした。

③ い☐だ☐ます。

④ お☐☐きですか。

3 그림을 보고 문장을 완성하세요.

1

A :
_____

B : いってらっしゃい。

2

A : ただいま。

B :
_____

3

A : さようなら。

B :
_____

일본 음식을 먹을 때 들고 먹어야?

　우리나라는 밥상을 차릴 때 기본적으로 숟가락과 젓가락을 같이 놓지만, 일본에서는 대개 젓가락만 올라오는 것이 보통이다. 그러면 국을 먹을 때는 어떻게 할까?

　우리나라에서는 접시나 그릇을 들고 먹으면 식사예절에 어긋나지만, 일본에서는 기본적으로 숟가락을 쓰지 않기 때문에 들고 먹는 것이 올바른 식사법이다. 그래서 국그릇도 손에 들 수 있을 만큼 가벼운 것이 많고, 어렸을 때부터 아이들에게 오른손은 젓가락을 드는 손, 왼손은 그릇을 드는 손으로 가르치기도 한다. 또한 젓가락을 식탁에 놓을 때도 우리나라와는 달리 앞쪽에 가로로 놓는다.

Unit 2 しょうかい

해설강의 듣기   트랙 19.mp3

주요표현 ▶ 본문 회화에 나오는 주요표현입니다.
우선 한마디씩 듣고 따라하세요.

> はじめまして。

하 지 메 마 시 떼

はじめまして。
처음 뵙겠습니다.

누군가를 처음 만났을 때 쓰는 말로, 동료나 윗사람에게도
쓸 수 있다.

> わたしは
> 金と もうします。

와 타 시 와　김 또 모 - 시 마 스

わたしは　金と もうします。
저는 김이라고 합니다.

자신을 소개할 때 쓰는 표현. 이름을 넣어 말하면 된다.
짧게 「わたしは 金です. (저는 김입니다.)」라고도 할 수 있다.

- わたし: 나, 저
- ~は: ~은, 는
- ~と もうします: ~라고 합니다

> かんこくから
> きました。

캉 코쿠카라　기 마 시 타

かんこくから きました。
한국에서 왔습니다.

「~から きました」는 '~에서 왔습니다'라는 뜻으로 출신이
나 국적을 말할 때 쓴다.

- から: ~에서, ~부터
- きました: 왔습니다

고 치 라 와   다 나 카   산   데 스
こちらは たなかさんです。
이쪽은 다나카 씨입니다.

어떤 사람을 또 다른 사람에게 소개할 때 쓰는 표현이다.
「こちら」는 '이쪽, 이분'이라는 뜻.

- こちら: 이쪽
- ~さん: ~씨, 님
- ~です: ~입니다

요 로 시 쿠   오 네 가 이 시 마 스
よろしく おねがいします。
잘 부탁합니다.

좀 더 정중하게 말하려면 앞에 「どうぞ(부디)」를 붙이고, 간단하게 말할 때는 그냥 「よろしく」라고 한다.

- よろしく: 잘(정중어)
- おねがいします: 부탁합니다

고 치 라 코 소
こちらこそ。
저야말로 / 이쪽이야말로.

상대방이 '잘 부탁드립니다.'라고 했을 때 관용적으로 쓰는 응답표현이다. 이 때 「こちら」는 자신을 가리킨다.

- ~こそ: ~야말로

Let's Talk 1 여러 사람 앞에서 자신을 소개할 때

트랙 20.mp3

(金)
みなさん はじめまして。
わたしは 金と もうします。
かんこくから きました。
だいがくの にねんせいです。
わたしの せんこうは コンピューターです。
どうぞ よろしく。

- みなさん　　　여러분
- だいがく　　　대학, 대학교
- にねんせい　　2학년
- せんこう　　　전공
- コンピューター　컴퓨터

(김)
여러분, 처음 뵙겠습니다.
저는 김(민수)라고 합니다.
한국에서 왔습니다.
대학 2학년입니다.
제 전공은 컴퓨터입니다.
잘 부탁드립니다.

🔍 학년을 나타내는 말

1학년	いちねんせい
2학년	にねんせい
3학년	さんねんせい
4학년	よねんせい

듣기 훈련 코스 잘 듣고 빈칸에 들어갈 알맞은 말을 써 넣으세요.

(A) ① _____

わたしは 李と もうします。

どうぞ よろしく おねがいします。

02

(B) やまだです。

② _____ どうぞ よろしく。

(A) 처음 뵙겠습니다.
저는 이(李)라고 합니다.
잘 부탁드리겠습니다.

(B) 야마다입니다.
저야말로 잘 부탁드립니다.

 위 대화문의 뜻을 생각하며 자신의 이름을 넣어 말해 보세요.

(A) はじめまして。_____と もうします。

_____から きました。

どうぞ よろしく。

(B) はじめまして _____です。

こちらこそ よろしく。

트랙 22.mp3

❶ 李さん。
こちらは たなかさんです。

❷ はじめまして。
たなかと もうします。
どうぞ よろしく。

❸ 李です。
こちらこそ
どうぞよろしく。

❹ しつれいですが。
李さんは
かいしゃいんですか。

❺ いいえ、
かいしゃいんじゃ
ありません
だいがくせいです。

❻ そうですか。
しゅみは なんですか。

❼ わたしの
しゅみは ドライブです。

❶ 李さん、こちらは たなかさんです。

(이)진호 씨. 이쪽은 다나카 씨예요.

❷ はじめまして。たなかと もうします。
どうぞ よろしく。

처음 뵙겠습니다. 다나카라고 합니다. 잘 부탁드립니다.

❸ 李です。こちらこそ どうぞ よろしく。

이(진호)입니다. 저야말로 잘 부탁드립니다.

·~さん	~씨, 님
·こちら	이쪽
·~は	~은/는
·~です	~입니다
·~と	~라고
·もうします	합니다
·こちらこそ	저야말로

❹ しつれいですが、
李さんは かいしゃいんですか。

실례지만 이(진호)씨는 회사원입니까?

❺ いいえ、かいしゃいんじゃありません。
だいがくせいです。

아뇨, 회사원이 아닙니다. 대학생입니다.

·しつれいですが	실례지만
·~ですか	~입니까?
·いいえ	아니오
·かいしゃいん	회사원
·じゃありません	~이 아닙니다
·だいがくせい	대학생

❻ そうですか。しゅみは なんですか。

그러세요? 취미는 무엇입니까?

❼ わたしの しゅみは ドライブです。

제 취미는 드라이브입니다.

·そうですか	그렇습니까?
·しゅみ	취미
·なんですか	무엇입니까?
·ドライブ	드라이브

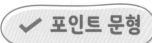 **포인트 문형** 2과에 나온 문형과 문법사항입니다. 그림을 보면서 연습해 보세요.

1 ~は ~です/ですか   ~은 ~입니다 / 입니까?

「は」는 우리말 '은/는'에 해당하는 조사이다. 원래 발음은 [하]이지만, 이렇게 조사로 쓰일 때는 [와]로 발음한다. 「です」는 '입니다', 「ですか」는 '입니까?'의 뜻이다. 일본어의 마침표는 「。」쉼표는 「、」로 표기하고, 원칙적으로 의문문에 「?」를 붙이지 않는다.

 다음 단어를 넣어 말해 보세요.

> 저는 학생(がくせい)입니다.   わたしは がくせいです。

1. かいしゃいん 회사원

2. ちゅうがくせい 중학생

3. しゅふ 주부

2 ~の ~です   ~의 ~입니다

「の」는 '~의'라는 뜻의 조사이다. 우리말은 명사와 명사 사이에 '~의'가 생략되는 경우가 많지만, 일본어에서는 반드시 「の」가 들어간다.

*외래어는 가타카나로 표기하므로 가타카나도 잘 익혀 두어야 합니다.

 다음 단어를 넣어 말해 보세요.

> 일본(にほん) 시계(とけい)입니다. ➡ にほんの とけいです。

1. フランス 프랑스
ワイン 와인

2. ドイツ 독일
くるま 자동차

3. イタリア 이탈리아
ネクタイ 넥타이

3 　~じゃ(では)ありません　　　　　~이 아닙니다

「じゃ(では)ありません」은 「です」의 부정형으로 '~이 아닙니다'의 뜻이고, 「じゃ」는 「では」
의 줄인말로 회화체에서 많이 쓴다. 대답할 때 '예'는 「はい」'아니오'는 「いいえ」라고 한다.

A	かいしゃいんですか。	회사원입니까?
B1	はい、かいしゃいんです。	예, 회사원입니다.
B2	いいえ、かいしゃいんじゃありません。	아뇨, 회사원이 아닙니다.
	だいがくせいです。	대학생입니다.

 다음 단어를 넣어 연습하세요.

1. こうこうせい 고등학생　　　　**2.** しゅふ 주부　　　　**3.** ちゅうがくせい 중학생

4 　~は なんですか　　　　　~은 뭐예요?

「なんですか」는 '무엇입니까?' '뭐예요?'란 뜻이다. 끝을 약간 올려서 발음하는 것이 자연스럽다.

 다음 단어를 넣어 연습하세요.

취미(しゅみ)는 뭐예요?　➡　しゅみは なんですか。

1. 전공(せんこう)은 뭐예요?　　　**2.** 특기(とくぎ)는 뭐예요?
3. 이름(なまえ)은 뭐예요?　　　**4.** 직업(しごと)은 뭐예요?

*정중하게 물을 때는 「おなまえ」,「おしご
と」와 같이 「お」를 붙여서 묻습니다.

「なんですか」 대신 「どちらですか」로 하면 '어디십니까?'의 뜻으로 집이나, 회사, 출신지
등을 물을 때 쓴다.

・おたくは どちらですか　　　댁이 어디세요?
・かいしゃは どちらですか　　　회사가 어디세요?
・おくには どちらですか　　　고향이 어디세요?

やってみよう 0에서 10까지 숫자를 익혀 봅시다.

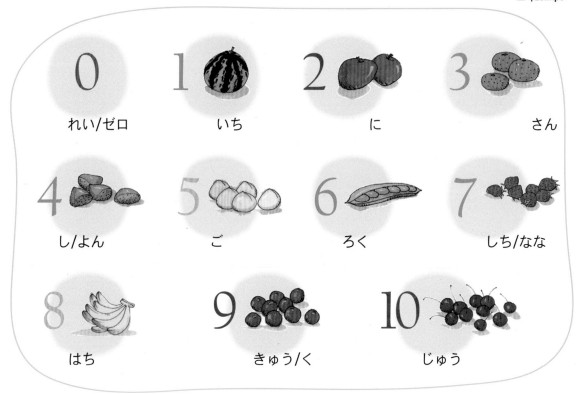

0 れい/ゼロ

1 いち

2 に

3 さん

4 し/よん

5 ご

6 ろく

7 しち/なな

8 はち

9 きゅう/く

10 じゅう

숫자를 이용하여 전화번호를 말해 봅시다. (전화번호의 「-」는 「の」라고 읽음.)

❶ 2450-8931

❷ 0342-65-0013

❸ 010-2644-1872

❹ 001-81-3-3691-8895

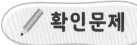

1 확인문제

1 일본어는 우리말로, 우리말은 일본어로 바꾸세요.

① だいがくせい ☐☐☐

② せんこう ☐☐

③ かいしゃいん ☐☐☐

④ しゅみ ☐☐

⑤ くるま ☐☐☐

⑥ 한국 ☐☐☐☐

⑦ 컴퓨터 ☐☐☐☐☐☐

⑧ 드라이브 ☐☐☐☐

⑨ 프랑스 ☐☐☐

2 빈칸에 들어갈 말을 써 넣으세요.

A　しつれいですが。たなかさんは だいがくせいですか。

B　いいえ、だいがくせい _____ ①

　　かいしゃいんです。

A　そうですか。しゅみは _____ ②　。

B　わたし ☐ ③ しゅみは ドライブです。

3 다음을 일본어로 말해 보세요.

① 처음 뵙겠습니다.

② 이쪽은 다나카 씨입니다.

③ 저는 고등학생입니다.

④ 취미는 무엇입니까?

日本の
文化

일본의 명산 – 후지산

일본의 산이라고 하면 역시 후지산(富士山)을 꼽을 수 있다. 높이는 3776미터로, 일본에서 가장 높고, 1707년이후 거의 300년 동안 폭발 하진 않았지만, 아직 활화산이다.

우리나라의 설악산이나 지리산 처럼 울창한 숲이나 계곡은 찾아볼 수 없고, 올라가면 올라갈수록 용암밖에 없는 조금은 삭막한 산이지만, 그런 후지산을 일본인이 사랑하는 것은 산 속보다는 멀리서 바라봤을 때의 모습이 아름답기 때문이다.

화산 특유의 부드럽고 매끄럽게 빠진 산의 실루엣과 계절마다 그리고 아침 저녁으로 바뀌는 산의 표정을 보고 즐기는 것이다.

정상에 올라갈 수 있는 기간은 7월에서 9월 상순까지이고, 산꼭대기는 언제나 눈덮인 만년설의 모습을 볼 수 있다.

후지산과 더불어 하얀 신들의 산이라 불리는 하쿠산(白山; 2,702m), 일본의 알프스라 불리는 다테야마(立山; 3,015m)는 일본의 3대 영산(靈山)으로 꼽힌다.

これは なんですか。

해설강의 듣기　트랙 24.mp3

주요표현 ▶ 본문 회화에 나오는 주요표현입니다.
우선 한마디씩 듣고 따라하세요.

고 레 와　난 데 스 까
これは なんですか。
이건 뭐예요?

「なんですか」는 '뭐예요?' '무엇입니까?'란 뜻으로 사물의
이름을 묻는 표현이다.

- これ: 이것
- ~は: ~은, 는
- なんですか: 무엇입니까?

하 이　　소 - 데 스
はい、そうです。
네, 그렇습니다. / 그래요.

상대방의 묻는 말이 맞다고 대답하는 표현이다.

- そうです: 그렇습니다
- そうですか: 그렇습니까? (그래요?)
- そうではありません: 그렇지 않습니다

이 - 에　치 가 이 마 스
いいえ、ちがいます。
아뇨, 아닙니다. / 다릅니다.

「はい、そうです。」와 반대되는 표현으로 「いいえ、~じゃあ
りません。(아뇨, ~이 아닙니다.)」하고 길게 대답하는 것보
다 쉽고 간편한 말이다. 「そうです」는 긍정, 「ちがいます」
는 부정으로 외워두면 편리하다.

03

촛 또 스미마 셍
ちょっと すみません。
잠깐, 미안합니다. / 말씀 좀 묻겠습니다.

상대의 주의를 환기시키는 말로, 상대방에게 뭔가를 묻거나, 음식점에서 주문을 할 때 등에도 쓴다. 「すみません」은 다양하게 쓰이는 말인데, 미안합니다, 고맙습니다, 사람을 부를 때 등 다양한 용법이 있다.

하 이   나 니 까
はい、なにか。
예, 무슨?

「なにか」는 원래 '무언가'란 뜻으로, 직역하면 '예, 무언가'지만, '무슨 일이세요?' '왜 그러세요?' 정도의 뜻이다. 상대방이 「ちょっと すみません。」 하고 말을 걸어왔을 때의 응답 표현이다. 「はい、なにか。」 대신 「はい、なんですか。」라고도 한다.

도 - 모
どうも。
고맙습니다.

「どうも ありがとうございます。(대단히 고맙습니다.)」에서 「ありがとうございます」 부분이 생략된 표현으로 회화에서 짧고 간단하게 말할 때 자주 쓰는 말이다.

＊반말은 아니므로 간단하게 고맙다고 할 때 잘 모르는 사람이나 윗사람에게도 쓸 수 있다.

트랙 25.mp3

❶ これは だれの かばんですか。

이건 누구 가방이에요?

❷ それは わたしの かばんです。

그건 제 가방입니다.

- ~の ~です: ~의 입니다

•これ	이것
•だれ	누구
•~の	~의
•かばん	가방
•それ	그것

❸ これも たなかさんのですか。

이것도 다나카 씨 거예요?

❹ いいえ、ちがいます。

아뇨, 아닙니다.

- ~のです: ~의 것입니다

•~も	~도
•~の	~의 것
•ちがいます	아닙니다

❺ そうですか。じゃ、トニーさんのですか。

그래요? 그럼 토니 씨 건가요?

❻ はい、そうです。

예, 그렇습니다.

•そうですか	그렇습니까?
•じゃ	그럼
•そうです	그렇습니다

Let's Talk 2 신청서는 어느 것인가요?

트랙 26.mp3

Ⓐ　ちょっと すみません。

Ⓑ　はい、なにか。

Ⓐ　もうしこみしょは どれですか。

Ⓑ　これです。

Ⓐ　どうも。

• ちょっと	잠깐, 조금
• なにか	무언가, 무슨
• もうしこみしょ	신청서
• どれ	어느 것
• どうも	고맙습니다

Ⓐ　말씀 좀 묻겠습니다.
Ⓑ　예, 왜 그러세요?
Ⓐ　신청서는 어느 것이에요?
Ⓑ　이것입니다.
Ⓐ　고맙습니다.

1 | **これは なんですか**   이것은 무엇입니까?

「これ」는 '이것'이란 뜻으로 사물을 가리키는 말(지시대명사)이다. 지시대명사는 「こ·そ·あ·ど」로 자신에게 가까운 것은 「こ」, 조금 떨어져 있는 것은 「そ」, 멀리 떨어져 있는 것은 「あ」, 의문사는 「ど」로 시작한다.

03

> これ 이것   それ 그것   あれ 저것   どれ 어느것

A それは なんですか。
그것은 뭐예요?

B これは ボールペンです。
이건 볼펜이에요.

A あれは なんですか。
저건 뭐예요?

B あれは ピカソの えです。
저건 피카소의 그림이에요.

자신을 기준으로 봤을 때 상대에게는 가까이 있지만, 나에게는 조금 떨어져 있는 것은 「それ (그것)」, 자신에게 가까이 있는 것은 「これ(이것)」라고 한다. 그리고, 두 사람 모두에게서 떨어져 있는 것은 「あれ(저것)」라고 한다.

> • ボールペン   볼펜
> • ピカソ   피카소
> • え   그림

2 なんですかと どれですか

「なんですか(무엇입니까?)」는 그 대상이 되는 사물의 정체를 물을 때, 즉 뭐냐고 묻는 것이고, 「どれですか(어느 것입니까?)」는 여러 개 있는 것 중에 어느 것이냐고 묻는 말이다.

A それは なんですか。
그것은 무엇입니까?

B これは かばんです。
이것은 가방입니다.

A もりさんの プレゼントは どれですか。
모리 씨의 선물은 어느거에요?

B これです。
이것입니다.

> *두 개 중에서 고를 때는 「どちら/どっち(어느쪽)」를 쓴다.

A もりさんの プレゼントは どれですか。　　모리 씨의 선물은 어느거예요?

B これです。　　　　　　　　　　　　　　　이것입니다.

 다음과 같이 연습해 보세요.

A それは なんですか。
그것은 무엇입니까?

B それは さくらです。
그것은 벚꽃입니다.

A ばらは どれですか。
장미는 어느것이에요?

B ばらは これです。
장미는 이것입니다.

 むくげ 무궁화　　 **たんぽぽ** 민들레　　 **ゆり** 백합

 ばら 장미　　 **コスモス** 코스모스

3 ~も ~のです(ですか)　　　　　　　　~도 ~것입니다 / 입니까?

앞 과에서 나온 「の」는 '~의'라는 뜻으로 명사와 명사를 연결할 때 쓰였지만, 여기의 「の」는 '~의 것'이란 뜻으로 소유까지 나타낸다. 「も」는 '~도'라는 뜻의 조사.

03

A	これは だれの ボールペンですか。	이것은 누구 볼펜이에요?
B	それは やまださんの ボールペンです。	그건 야마다 씨의 볼펜입니다.
A	これも やまださんのですか。	이것도 야마다 씨 거예요?
B	いいえ、それは きむらさんのです。	아니오, 그건 기무라 씨 거예요.

 다음과 같이 연습해 보세요.

*せんせい(선생님)는 さん을 붙이지 않는다.

A　これは だれの ＿＿＿＿＿＿ですか。　이건 누구의 ＿＿＿＿＿＿ 입니까?

B　それは ＿＿＿＿＿さんのです。　그건 ＿＿＿＿＿ 씨 거예요.

じしょ　　　　ボールペン　　　　さいふ　　　　けしゴム　　　　ノート

ジョンソン　　　せんせい　　　　金　　　　李　　　　ピエール

• じしょ	사전	• けしゴム	지우개
• さいふ	지갑	• ノート	노트

여기는 미팅장소. 짝을 찾기 위해 각자 소지품을 하나씩 꺼냈습니다.
무엇인지, 누구 것인지 말해 보세요.

Ⓐ これは なんですか。

Ⓑ それは _____ です。

Ⓐ だれのですか。

Ⓑ _____ さんのです

Ⓐ これも _____ さんのですか。

Ⓑ はい、そうです。

いいえ、ちがいます。それは _____ さんのです。

きむら

りえ

金

セリ

トニー

やまだ

• めがね	안경
• さいふ	지갑
• とけい	시계
• まんねんひつ	만년필
• けいたい	휴대폰
• ざっし	지갑

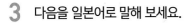

✎ 확인문제

1 일본어는 우리말로, 우리말은 일본어로 바꾸세요.

① じしょ ☐☐

② むくげ ☐☐☐

③ ゆり ☐☐

④ とけい ☐☐

⑤ ほん ☐

⑥ 볼펜 ☐☐☐☐☐

⑦ 선물 ☐☐☐☐

⑧ 가방 ☐☐

⑨ 장미 ☐☐

⑩ 코스모스 ☐☐☐

2 빈칸에 들어갈 말을 써 넣으세요.

A これは 金さん ☐① じしょですか。

B はい、そうです。

A それも 金さん ☐② ですか。

B いいえ、 [　　　　　　③　　　　　　]。

3 다음을 일본어로 말해 보세요.

① 그것은 무엇입니까?

② 고맙습니다. (고마워요.)

③ 이것도 다나카 씨 것입니까?

지진

일본에서는 옛부터 세상에서 가장 무서운 것을 말하라면 'じしん(지진), かみなり(천둥), かじ(불), おやじ(아버지)'라고 할 정도로 지진을 가장 무서워한다.

1923년 관동대지진이나 1995년의 코베지진과 같이 큰 지진도 있지만, 도쿄 도심 한복판에서도 늘 책상 위의 물건이 흔들리는 정도의 지진이 자주 일어나기 때문에 평소에도 지진을 경험하는 일이 많다고 할 수 있다.

그래서 지진 예측을 위한 첨단 장비와 내진 설계 등 만전을 기하는가 하면 백화점에는 재해 대비 물품을 따로 파는 코너가 마련되어 있기도 하다.

지진발생시의 수칙으로는 먼저 지진이 일어나면 즉시 책상이나 식탁 등 네다리가 있는 곳 밑으로 피하고 지진이 멈춘 후 가스나 불을 끄는 것이 최우선이다.

사진은 지난 코베 지진 때 도로가 붕괴된 모습.

Unit 4 いくらですか。

주요표현   본문 회화에 나오는 주요표현입니다.
우선 한마디씩 듣고 따라하세요.

どこですか。

도 코 데 스 까
どこですか。
어디예요? / 어디에 있어요?

「どこ」는 '어디'의 뜻으로 장소를 묻는 말이다. 참고로 장소를 물을 때 「どこですか。」는 '어디예요? 어디에 있어요?'란 뜻이고, 어떤 장소를 가리키며 「なんですか。」라고 하면 '뭐 하는 곳이에요?'란 뜻이 된다. 정중하게 말할 때는 「どちらですか。」를 쓴다.

• どこ: 어디

いくらですか。

이 쿠 라 데 스 까
いくらですか。
얼마예요?

「いくら」는 '얼마'란 뜻으로 「いくらですか。」는 음식점이나 상점에서 가격을 물을 때 쓰는 말이다. 「お」를 붙여서 조금 더 정중하게 말하기도 한다.

• いくら: 얼마

えっーと…

엣 또
えっーと…
저, 으음….

대답을 하기 전에 잠시 머뭇거리거나 생각할 시간이 필요할 때 쓰는 말.

이 랏 샤 이 마 세
いらっしゃいませ。
어서 오세요. / 어서 오십시오.

상점, 음식점 등에서 점원이 손님에게 하는 말이다. 빨리 발음하면 「らっしゃいませ」로 들린다. 이와는 달리 「いらっしゃい」는 '어서 오세요, 어서 와요'란 뜻으로 일상회화에서 쓰는 말이다.

도 코 노 데 스 까
どこのですか。
어디 거예요?

의문사 「どこ(어디)」에 「の(것)」가 붙은 표현으로 '어디 것', 즉 '어느 나라(혹은 브랜드) 것'이냐는 뜻이다.

● だれのですか: 누구 거예요?

자 고 레 오 구 다 사 이
じゃ、これを ください。
그럼, 이것을 주세요.

「じゃ」는 「では」의 회화체로 '그럼'이란 뜻. 「~を ください」는 '~을 주세요'란 뜻으로 조사 「を(을/를)」 앞에 필요한 말을 넣어 말하면 된다.

트랙 28.mp3

❶ **すみません。 エレベーターは どこですか。**

말씀 좀 묻겠습니다. 엘리베이터는 어디에 있어요?

❷ **あちらです。**

 저쪽입니다.

- ~は どこですか : ~은 어디에 있습니까? 어디죠?
- あちらです : 저쪽입니다.

04

- エレベーター　엘리베이터
- どこ　　　　　어디
- あちら　　　　저쪽

❸ **それから おもちゃうりばは なんがいですか。**

그리고 장난감 매장은 몇 층이죠?

❹ **おもちゃうりばですか。**
おもちゃうりばは 5かいです。

장난감 매장이요? 장난감 매장은 5층입니다.

- ~ですか : ~말입니까?
- ~かい : ~층

- それから　　　　　그리고
- おもちゃ　　　　　장난감
- うりば(売り場)　　매장
- なんがい(何階)　　몇 층
- 5(ご)かい　　　　5층

❺ **どうも。**

고맙습니다.

Let's Talk 2　매장에서(가격 물어보기)

트랙 29.mp3

Ⓐ　いらっしゃいませ。

Ⓑ　この ロボットは どこのですか。

Ⓐ　日本^{にほん}のです。

Ⓑ　いくらですか。

Ⓐ　３,８００円^{さんぜんはっぴゃくえん}です。

Ⓑ　じゃー、これを ください。

• この	이
• ロボット	로봇
• 日本(にほん)	일본
• 円(えん)	엔(일본의 화폐단위)
• じゃ	그럼
• ~を ください	~을 주세요

Ⓐ　어서 오십시오.

Ⓑ　이 로봇은 어디 거예요?

Ⓐ　일본 것입니다.

Ⓑ　얼마예요?

Ⓐ　3,800엔입니다.

Ⓑ　그럼, 이것 주세요.

 **포인트 문형** 4과에 나온 문형과 문법사항입니다.

1 | ~は どこですか   ~은 어디예요? / 어디에 있어요?

「どこ(어디)」는 장소를 묻는 의문사이다. 앞 과에서 익힌 「こ·そ·あ·ど」와 마찬가지로 「ここ (여기)」는 말하는 사람이 있는 곳, 「そこ(거기)」는 듣는 사람이 있는 곳, 「あそこ(저기)」는 모두에게서 떨어진 곳을 가리킨다.
또한 「どこ」를 좀더 정중하게 말할 때는 「どちら(어느쪽)」를 쓰기도 하는데, 「どちら」는 원래 방향을 나타 내는 말이지만, 「どこ」의 정중한 말로도 쓰인다.

ここ 여기	そこ 거기	あそこ 저기	どこ 어디
こちら 이쪽	そちら 그쪽	あちら 저쪽	どちら 어느쪽

 다음을 일본어로 말해 보세요.

1. 화장실(トイレ)은 어디예요?
2. 매표소(きっぷうりば)는 어디에 있어요?
3. 은행(ぎんこう)은 어디에 있어요?
4. 역(えき)은 어디예요?

2 | ~は なんがいですか   ~은 몇 층이에요? / 몇 층에 있어요?

'층'에 해당하는 말은 계단(階段)의 階자를 써서 「階(かい)」라고 한다. 기본 숫자를 이용하여 층수를 일본어로 익혀 보자.

1階	2階	3階	4階	5階
いっかい	にかい	さんがい	よんかい	ごかい
6階	7階	8階	9階	10階
ろっかい	ななかい	はちかい	きゅうかい	じゅっかい

1, 3, 4, 6, 10층의 읽는 법에 주의하자.
참고로 3층은 「さんかい」라고도 하고, 지하는 「地下(ちか)」라고 한다.

3 この ~は どこのですか　　　이 ~은 어디 거예요?

「この」는 우리말 '이~'에 해당하는 말로 뒤에 오는 명사를 꾸며 준다. 가리키는 위치에 따라 「この·その·あの·どの」가 되는데, 자신에게 가까우냐, 상대방 쪽에 가까우냐, 혹은 멀리 떨어져 있느냐에 따라 구별해서 쓰는 것이 포인트. 「どこのですか」는 '어디 거예요?'란 뜻으로 메이커나 국가명, 원산지 등을 묻는 말이다.

 다음과 같이 연습해 보세요.

A この とけいは どこのですか。	이 시계는 어디 거예요?
B それは スイスのです。	그건 스위스 거예요.

1. とけい
   スイス

2. ネクタイ
   イタリア

3. かばん
   シャネル

4. けいたい
   サムスン

• とけい　시계	• ネクタイ 넥타이	• かばん　가방	• けいたい 휴대폰
• スイス　스위스	• イタリア 이탈리아	• シャネル 샤넬	• サムスン 삼성

 こそあど 총정리

물건	これ　이것	それ　그것	あれ　저것	どれ　어느것
장소	ここ　이곳	そこ　그곳	あそこ 저곳	どこ　어디
방향	こちら 이쪽	そちら 그쪽	あちら 저쪽	どちら 어느쪽
명사수식	この　이	その　그	あの　저	どの　어느

백화점에는 어떤 매장이 있을까요?

그림을 보면서 다음과 같이 묻고 답하세요.

> A　すみません。レストランは なんがいですか。
>
> B　じゅういっかいです。

① レストラン　　　　　　　　11

② かばんうりば

③ とけいうりば

④ しんしふくうりば

⑤ けしょうひんうりば

⑥ しょくりょうひんうりば

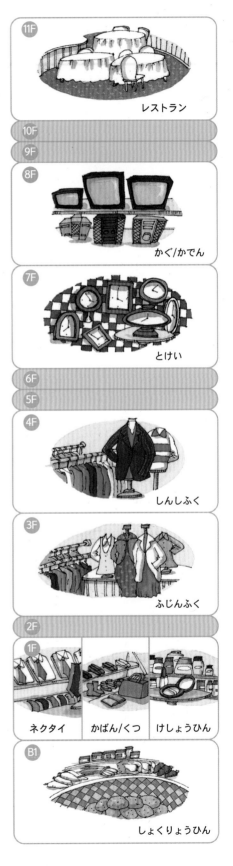

11F	レストラン
10F	
9F	
8F	かぐ/かでん
7F	とけい
6F	
5F	
4F	しんしふく
3F	ふじんふく
2F	
1F	ネクタイ / かばん/くつ / けしょうひん
B1	しょくりょうひん

• レストラン	레스토랑
• かぐ	가구
• かでん	가전
• しんしふく	신사복
• ふじんふく	부인복
• くつ	구두, 신발
• けしょうひん	화장품
• しょくりょうひん	식료품

04

🎧 듣기 훈련 코스 잘 듣고 어떤 음식을 주문했는지 체크하세요.

트랙 30.mp3

MENU

ⓐ ハンバーガー
¥250

ⓑ サンドイッチ
¥450

ⓒ ピザ
¥580

ⓓ スパゲッティ
¥250

ⓔ サラダ
¥450

ⓕ うどん
¥580

ⓖ そば
¥250

ⓗ 定食（ていしょく）
¥450

ⓘ アイスクリーム
¥580

ⓙ コーヒー
¥250

ⓚ ジュース
¥450

ⓛ コーラ
¥580

❶　❷　❸　❹

확인문제

1 일본어는 우리말로, 우리말은 일본어로 바꾸세요.

① おもちゃ

② ネクタイ

③ くつ

④ けいたい

⑤ ハンバーガー

⑥ 로봇

⑦ 은행

⑧ 엘리베이터

⑨ 콜라

2 빈칸에 들어갈 말을 써 넣으세요.

A　いらっしゃいませ。

B　この くつは ◯◯◯◯① ですか。

A　日本のです。

B　◯◯◯◯② ですか。

A　5,800円です。

B　じゃ、これを ◯◯◯◯③ 。

3 다음을 일본어로 말해 보세요.

① 몇 층이에요?

② 이 시계는 어디 거예요?

③ 어서 오십시오.

なんじですか。

해설강의 듣기　트랙 31.mp3

주요표현　본문 회화에 나오는 주요표현입니다.
우선 한마디씩 듣고 따라하세요.

なんじですか。
몇 시예요?

시간을 묻는 표현이다. 대개 앞에 「今(지금)」를 붙여 「今なんじですか(지금 몇 시예요?)」와 같이 쓴다.

• なんじ(何時)：몇 시
• 今(いま)：지금

どうも ありがとうございました。
대단히 감사합니다. (고맙습니다.)

매우 정중한 감사표현이다. 형태는 과거형이지만, 번역은 현재형으로 하는 것이 자연스러운 경우가 많다. 과거형을 쓴 것은 고마운 행위가 이미 이루어진 것을 의미한다.

ちょっと まってください。
잠깐만 기다리세요. / 잠깐만요.

어딘가 급히 가려는 사람을 멈추게 하거나 잠깐 기다리게 할 때 쓰는 표현. 「ちょっと」는 원래 '조금'이란 뜻이지만, 이 때는 '잠깐'이란 뜻이다.

あっ、しまった。
아 참, 아이구!

「あっ(앗)」은 놀랐을 때 무의식중에 나오는 감탄사. 「しまった」는 실수를 하거나 뭔가를 놓쳤을 때 하는 말로 후회하는 기분이 들어 있다. 우리말로는 '아이고 참!' 정도의 뜻. 반대로 기대하던 일이 성사되었거나 잘 되었을 때 '야~ 됐다' 하고 말할 때는 「やった!(잘 됐다)」라고 한다.

こまったな。
어떡하지?

난처한 일을 당했을 때나 당황스러울 때 하는 혼잣말.
끝의 「な」는 가벼운 단정이나 후회, 확인, 감탄 등 심리적인 상태를 나타낸다.

Let's Talk 1 시간 물어보기

트랙 32.mp3

❶ すみません。今なんじですか。

❷ 4時ちょうどです。

❸ 銀行は なんじまでですか。

❹ 4時半までですよ。

❺ そうですか。どうも ありがとう ございました。

❻ あっ、ちょっと まってください。今日は 土曜日ですよ。

❼ あっ、しまった。じゃ、今日は やすみですか。

❽ はい、土曜日は やすみですよ。

❾ そうですか。こまったな。

❶ すみません。今なんじですか。

저기요. 지금 몇 시죠?

4時ちょうどです。

4시 정각이에요.

•今(いま)	지금
•4時(よじ)	4시(발음주의)
•ちょうど	정각

❸ 銀行は なんじまでですか。

은행은 몇 시까지예요?

❹ 4時半までですよ。

4시 반까진데요.

•銀行(ぎんこう)	은행
•まで	까지
•半(はん)	반

❺ そうですか。どうも ありがとうございました。

그래요? 고맙습니다.

❻ あっ、ちょっと まってください。

앗, 잠깐만요.

今日は 土曜日ですよ。

오늘은 토요일이에요.

•そうですか	그래요?
•ちょっと	잠깐, 조금
•まってください	기다리세요
•今日(きょう)	오늘
•土曜日(どようび)	토요일

❼ あっ、しまった。じゃ、今日は やすみですか。

아이쿠, 그럼 오늘 안 하나요?

❽ はい、土曜日は やすみですよ。

네, 토요일은 안 해요.

❾ そうですか。こまったな。

그래요? 어떡하지?

•あっ	앗
•しまった	아, 참
•やすみ	휴일, 노는 날
•こまったな	어떡하지?

1   いま なんじですか。   지금 몇 시예요?

「なんじ(何時)」는 시간을 묻는 의문사로, 기본 숫자(いち, に, さん~)에 時(じ)를 붙여 주면 되는데, 특히 4시(よじ), 9시(くじ)의 읽는 법에 주의해야 한다.

~時   4시, 9시 읽기에 주의

~分   10분은 じっぷん으로도 읽는다.

3時ちょうど
3시 정각

3時5分前
3시 5분 전

3時 5分すぎ
3시 5분 막 지났음

1分 いっぷん		6分 ろっぷん	
2分 にふん		7分 ななふん	
3分 さんぷん		8分 はっぷん	
4分 よんぷん		9分 きゅうふん	
5分 ごふん		10分 じゅっぷん	

몇 시인지 시간을 말해 보세요.

3:05

4:00

7:20

9:30

2 ~から ~まで   ~에서(부터) ~까지

「から」는 시작점을, 「まで」는 끝나는 점을 나타내는데, 시간이나 장소, 범위 등에 모두 쓸 수 있다.

・1시(いちじ)에서 2시(にじ)까지	➡ いちじから にじまで
・서울(ソウル)에서 부산(プサン)까지	➡ ソウルから プサンまで
・여기에서 역(えき)까지	➡ ここから えきまで

 다음은 시험 일정표입니다. 일정을 보면서 질문에 답하세요.

オリエンテーション	9:00~9:15
筆記テスト	9:30~11:50
昼食	11:50~1:00
面接テスト	1:00~3:20
合格者発表	3:30~

A オリエンテーションは なんじからですか。
오리엔테이션은 몇 시부터죠?

B 9時(ちょうど)からです。
9시(정각)부터입니다.

① **A** 筆記テストは なんじから なんじまでですか。

   B _____から _____までです。

② **A** 昼食は なんじから なんじまでですか。

   B _____から _____までです。

③ **A** 面接テストは なんじから なんじまでですか。

   B _____から _____までです。

④ **A** 合格者発表は なんじからですか。

   B _____からです。

・オリエンテーション	오리엔테이션	・面接(めんせつ)	면접
・筆記(ひっき)テスト	필기시험	・合格者(ごうかくしゃ)	합격자
・昼食(ちゅうしょく)	점심식사	・発表(はっぴょう)	발표

3　때를 나타내는 말

요일 말하기　무슨 요일 : なんようび

月曜日	火曜日	水曜日	木曜日	金曜日	土曜日	日曜日
げつようび	かようび	すいようび	もくようび	きんようび	どようび	にちようび

 다음과 같이 연습해 보세요.

A　きょうは なんようびですか。　　오늘은 무슨 요일입니까?
B　かようびです。　　　　　　　　화요일입니다.

때를 나타내는 말

おととい 그저께	きのう 어제	きょう 오늘	あした 내일	あさって 모레
せんせんしゅう 지지난 주	せんしゅう 지난 주	こんしゅう 이번 주	らいしゅう 다음 주	さらいしゅう 다다음 주
せんせんげつ 지지난 달	せんげつ 지난 달	こんげつ 이번 달	らいげつ 다음 달	さらいげつ 다다음 달
おととし 재작년	きょねん 작년	ことし 금년(올해)	らいねん 내년	さらいねん 내후년

＊まいにち 매일, まいしゅう 매주, まいつき 매달, まいとし 매년

 우리말을 일본어로 말해 보세요.

1. 토요일 _____
2. 화요일 _____
3. 일요일 _____
4. 월요일 _____
5. 그저께 _____

6. 내후년 _____
7. 지난 달 _____
8. 이번 주 _____
9. 모레 _____
10. 작년 _____

각 도시의 지금 시각은 몇 시일까요?

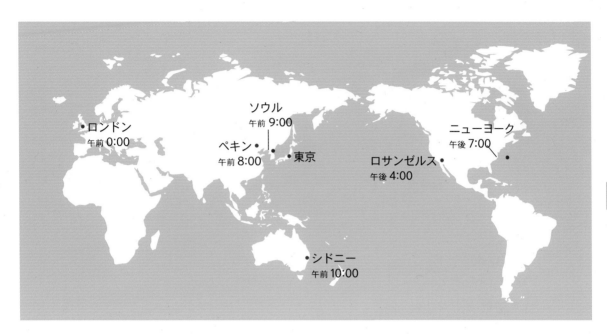

 그림을 보면서 다음과 같이 묻고 답하세요.

> A 東京は いま なんじですか。 도쿄는 지금 몇 시입니까?
>
> B ごぜん 9時です。 오전 9시입니다.

① 북경(ペキン)

② 시드니(シドニー)

③ 로스엔젤레스(ロサンゼルス)

④ 런던(ロンドン)

⑤ 서울(ソウル)

⑥ 뉴욕(ニューヨーク)

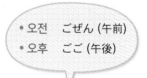

- 오전　ごぜん (午前)
- 오후　ごご (午後)

🎧 **듣기 훈련 코스**   잘 듣고 빈 칸에 알맞은 시간과 요일을 써 넣으세요.

歯医者
は　いしゃ

> 영업시간:
>
> 휴　일:

デパート

> 영업시간:
>
> 휴　일:

図書館
と　しょかん

> 영업시간:
>
> 휴　일:

銀行
ぎんこう

> 영업시간:
>
> 휴　일:

✏️ 확인문제

1 일본어는 우리말로, 우리말은 일본어로 바꾸세요.

① あさって ▢▢

② としょかん ▢▢▢

③ オリエンテーション ▢▢▢▢▢▢

④ おととい ▢▢▢

⑤ やすみ ▢▢

⑥ 어제 ▢▢

⑦ 다다음 주 ▢▢▢▢▢

⑧ 내후년 ▢▢▢

⑨ 토요일 ▢▢▢

⑩ 일요일 ▢▢▢▢▢

2 빈칸에 들어갈 말을 써 넣으세요.

A ちょっと すみません。いま [　　　　　]① 。

B 3時ちょうどです。

A ぎんこうは [　　　　　]② ですか。

B ぎんこうは 4時半 [　　　　　]③ です。

A どうも。

3 다음을 일본어로 말해 보세요.

① 지금 오전 10시입니다.

② 잠깐만 기다리세요.

③ 9시부터 6시까지입니다.

④ 오늘은 무슨 요일입니까?

日本の文化

목욕은 매일?

기후 탓도 있겠지만, 일본 사람들은 목욕하는 것을 좋아하기로 유명하다. 대부분의 일본 사람들은 하루 일과를 끝내고 잠자기 전에 집에서 거의 매일 목욕을 하는데, 일본에서는 보통 샤워를 하기보다는 따뜻한 물을 받아서 목욕하기를 좋아한다. 그리고 특이한 점은 몸은 밖에서 씻고, 욕탕에 들어간다는 것이다. 왜냐하면 욕조의 물은 혼자 쓰고 버리는 것이 아니라 온가족이 다 같이 쓰기 때문이다. 또, 일본에서 목욕은 더러움을 씻는 것도 있지만 생각을 하거나 기분전환과 같은 휴식의 의미도 있다. 사진은 노천탕(로텐부로)으로, 일본의 온천 관광지에 가면 흔히 볼 수 있다. 집에 있는 욕조에 몸을 담그면 잠시나마 온천에 온 것 같은 편안한 느낌으로 그 날의 피로를 푸는 것이다. 요즘은 온천의 향기나 색을 낼 수 있는 가루로 된 入浴剤(にゅうよくざい)가 잘 팔리고 있다.

おいくつですか。

해설강의 듣기

트랙 34.mp3

おいくつですか。

おいくつですか。
나이가 어떻게 되세요?

나이를 물을 때 쓰는 정중한 표현이다. 우리말의 '연세가 어떻게 되세요?' '나이가 어떻게 되세요?' 등에 해당하는 말.

- なんさいですか: 몇 살입니까?
- いくつですか: 몇 살이에요?

이 두 표현은 경어의 뉘앙스 없이 나이를 묻는 말이다.

5人家族です。

ごにんかぞく
五人家族です。
다섯 식구입니다.

우리말 '~식구입니다'에 해당하는 표현. 말하는 사람도 포함한 숫자를 넣어 말하면 된다.

しつれいですが…。

しつれいですが…。
실례지만….

상대방에게 나이나 직업 등 개인적인 것을 물어볼 때 앞에 붙여 편리하게 쓸 수 있는 표현이다.

- しつれい : 실례
- ~ですが : ~입니다만, ~지만

むすめは ことしで 25才です。

むすめは ことしで 25才です。
딸은 올해로 스물다섯 살입니다.

「ことし(올해)」에 조사 「で」가 붙은 것인데 이 때 「で」는 '~로'의 뜻이다. 일본에서는 보통 나이를 말할 때 만으로 이야기하므로 자신의 나이도 만으로 말해 주는 것이 오해가 없다.

- むすめ : 딸
- ~才(さい) : ~살

わたしたちは おないどしです。

わたしたちは おないどしです。
우리는 동갑입니다.

「年(とし)」는 '해, 나이'라는 뜻이고, 「おない」는 「同じ(おな)(같다)」라는 뜻이다. 참고로 스무 살은 「はたち」라고 한다.

- わたしたち : 우리들
- おないどし : 동갑

일본의 전통극 가부키의 한 장면 ▶

트랙 35.mp3

❶ さとうさんは
何人家族ですか。

❷ 両親と 兄が 一人、
いもうとが 一人の
5人家族です。

❸ 失礼ですが、
お父さんは
おいくつですか。

❹ ことしで
50歳です。

❺ そうですか。
お母さんは?

❻ 母は 父と
同いどしです。

❼ それから 兄は 27歳、
いもうとは 20歳です。

① さとうさんは 何人家族ですか。

사토 씨는 가족이 몇 명이에요?

•何人(なんにん)	몇 명
•家族(かぞく)	가족
•両親(りょうしん)	부모님
•兄(あに)	형
•一人(ひとり)	한 사람
•5人(ごにん)	다섯 명

② 両親と 兄が 一人、いもうとが 一人の
5人家族です。

부모님하고 형이 한 명, 여동생이 한 명 해서 다섯 식구예요.

• ~人(にん)家族(かぞく)です : ~식구입니다(가족 수를 말할 때)

06

③ 失礼ですが、お父さんは おいくつですか。

실례지만, 아버님은 연세가 어떻게 되세요?

•失礼(しつれい)ですが	실례지만
•お父(とう)さん	아버지
•おいくつですか	몇 살이세요?
•50歳(ごじゅっさい)	쉰, 50살

④ ことしで50歳です。

올해로 쉰이세요.

• おいくつですか : 나이가 어떻게 되세요?

⑤ そうですか。お母さんは?

그래요? 어머님은요?

•お母(かあ)さん	어머니
•同(おな)い年(どし)	동갑
•それから	그리고

⑥ 母は 父と 同いどしです。

어머니는 아버지와 동갑이세요.

⑦ それから 兄は 27歳、いもうとは 20歳です。

그리고 형은 스물일곱 살이고, 여동생은 스무 살이에요.

 **포인트 문형** 사람을 헤아리는 법, 가족에 대한 호칭 등에 대해 익혀 봅시다.

1 何人(なんにん)ですか。 몇 명입니까?

「何人(なんにん)」은 '몇 명, 몇 사람'이란 뜻의 의문사다.

사람 수 헤아리기

「ひとり(한 사람)」, 「ふたり(두 사람)」는 따로 외우고 나머지는 숫자에 「人(にん)」을 붙이면 된다. 열 명 이상은 じゅういちにん, じゅうににん…과 같이 읽는다.

1人	ひとり	한 사람	6人	ろくにん	여섯 사람
2人	ふたり	두 사람	7人	ななにん/しちにん	일곱 사람
3人	さんにん	세 사람	8人	はちにん	여덟 사람
4人	よにん	네 사람	9人	きゅうにん	아홉 사람
5人	ごにん	다섯 사람	10人	じゅうにん	열 사람

 그림을 보고 다음 질문에 답하세요.

A 何人(なんにん)ですか。 몇 명입니까?

B ＿＿＿＿ です。 ~명입니다.

A 何人(なんにん)家族(かぞく)ですか。 몇 식구입니까?

B ＿＿＿＿家族(かぞく)です。 ~식구입니다.

2 가족의 호칭

일본에서는 자신의 가족을 가리키며 말할 때와 상대방 가족을 부를 때 구별해서 써야 한다. 왜 냐하면 자신의 가족을 상대방에게 말할 때는 낮춰서 말하고, 반대로 상대방의 가족은 높여서 말하기 때문이다.(일본식 경어법의 특징)

	나의 가족	상대방의 가족
할아버지	祖父(そふ)	おじいさん
할머니	祖母(そぼ)	おばあさん
부모님	両親(りょうしん)	ご両親(りょうしん)
아버지	父(ちち)	お父(とう)さん
어머니	母(はは)	お母(かあ)さん
오빠·형	兄(あに)	お兄(にい)さん
언니·누나	姉(あね)	お姉(ねえ)さん
남동생	弟(おとうと)	弟(おとうと)さん
여동생	妹(いもうと)	妹(いもうと)さん
아들	息子(むすこ)	息子(むすこ)さん
딸	娘(むすめ)	娘(むすめ)さん

3 おいくつですか。　　나이가 어떻게 되세요?

'나이가 어떻게 되십니까? 연세가 어떻게 되세요?' 등 정중하게 나이를 묻는 표현이다. 「なんさい(몇 살)ですか。」라고도 하는데, 「おいくつですか。」쪽이 더 정중한 표현이다.

나이 말하기　　（스무살은 「はたち」라고 읽는다.）

1	いっさい	한 살	7	ななさい	일곱 살
2	にさい	두 살	8	はっさい	여덟 살
3	さんさい	세 살	9	きゅうさい	아홉 살
4	よんさい	네 살	10	じゅっさい	열 살
5	ごさい	다섯 살	20	はたち	스무살
6	ろくさい	여섯 살	30	さんじゅっさい	서른 살

＊40 よんじゅう, 50 ごじゅう, 60 ろくじゅう, 70 ななじゅう

그림을 보면서 자신의 가족이라 생각하고 다음 질문에 답하세요.

① おとうさんは おいくつですか。

ちちは ＿＿＿＿＿＿＿ です。

② おかあさんは おいくつですか。

＿＿＿＿＿＿は ＿＿＿＿＿＿ です。

＊열한 살 이후는 じゅういっさい、じゅうにさい와 같이 읽으면 됩니다.

③ おにいさん(おねえさん)は おいくつですか。

＿＿＿＿＿＿は ＿＿＿＿＿＿ です。

④ いもうとさん(おとうとさん)は おいくつですか。

＿＿＿＿＿＿は ＿＿＿＿＿＿ です。

やってみよう　　가족 호칭법에 대해 연습해 봅시다.

1　서로 연관되는 것끼리 연결하세요.

할아버지 ●	● あね ●	● おじいさん
어머니 ●	● そふ ●	● おにいさん
남동생 ●	● おとうと ●	● おかあさん
아버지 ●	● ちち ●	● おとうさん
부모님 ●	● はは ●	● ごりょうしん
오빠(형) ●	● いもうと ●	● おばあさん
언니(누나) ●	● そぼ ●	● いもうとさん
할머니 ●	● りょうしん ●	● おとうとさん
여동생 ●	● あに ●	● おねえさん

06

2　각 경기에 참가하는 선수는 몇 명일까요? 일본어로 말해 보세요.

A ＿＿＿＿＿＿の せんしゅ(선수)は 何人_{なんにん}ですか。

B ひとり、ふたり…… ＿＿＿＿＿＿人です。

①

サッカー 축구

②

バレーボール 배구

③

バスケットボール 농구

④

野球_{やきゅう} 야구

🎧 듣기 훈련 코스

잘 듣고 설명하는 내용과 같은 그림을 찾아 보세요.

1 ········· ◯   2 ········· ◯

3 ········· ◯   4 ········· ◯

ⓐ

ⓑ

ⓒ

ⓓ

• そして	그리고	• 多(おお)い	많다
• つま	아내, 집사람 ↔ おっと(남편)	• みんなで	모두해서

✏️ 확인문제

1 일본어는 우리말로, 우리말은 일본어로 바꾸세요.

① いもうと 　☐☐☐

② あに 　☐(☐☐)

③ ちち 　☐☐☐

④ おばあさん 　☐☐☐

⑤ やきゅう 　☐☐

⑥ (상대방의)부모님 　☐☐☐☐☐☐

⑦ (상대방의)언니 　☐☐☐☐☐

⑧ 축구 　☐☐☐☐

⑨ (우리)어머니 　☐☐

⑩ (우리)할아버지 　☐☐

2 빈칸에 들어갈 말을 써 넣으세요.

A テストは いつ [　　　　]① ですか。

B らいしゅうの げつようびからです。

A いつ [　　　　]② ですか。

B きんようびまでです。

3 다음을 일본어로 말해 보세요.

① 나이가 어떻게 되십니까?

② 저의 남동생은 스무 살입니다.

③ 사토 씨는 가족이 몇 명이에요?

日本の文化

시치고상

아이를 위한 대표적인 행사로 우리나라의 백일과 돌잔치를 든다면 일본에서는 시치고상을 챙겨주는데, '시치(7)'는 일곱 살, '고(5)'는 다섯 살, '상(3)'은 세 살을 뜻한다.

일본에서는 옛부터 홀수를 경사스러운 수로 여겨왔기 때문에 성장 시기에 맞추어 홀수 년, 즉 남자 아이는 만 세 살, 다섯 살, 여자 아이는 만 세 살과 일곱 살이 되는 해에 '하레기(はれぎ)'라는 전통의상을 입고 부모와 함께 신사에 가서 참배도 하고, 기념사진을 찍거나 하는데, 이를 '시치고상(7, 5, 3)'이라고 한다.

또, 이 날 빨간색과 흰색으로 된 엿을 사주기도 하는데, 이것은 장수와 건강을 비는 뜻이 담겨 있다. 이것은 일본인에게 종교행사라기보다는 하나의 관습이 되어 있는 행사이다.

Unit 7

わたし の いちにち

주요표현 ▶ 7과에는 동사가 등장합니다.
하루일과를 보면서 동사를 익혀 봅시다.

해설강의 듣기   트랙 37.mp3

7時に おきる

ねる

かおを あらう

テレビを みる

わたしの
いちにち

学校へ いく

うちに かえる

ひるごはんを たべる

べんきょうする

나의 하루

7과의 주요표현입니다. 우선 한마디씩 듣고 따라하세요.

夜
밤, 밤에

아침은 「あさ」, 낮은 「ひる」, 밤은 「よる」라고 한다. 우리말은 '밤에 몇 시에 잡니까?'처럼 조사 '에'가 들어가지만, 아침, 점심, 밤과 같은 단어에는 '에'에 해당하는 조사 「に」를 붙이지 않는다. 「あさ」는 아침이라는 뜻 외에 '아침밥'을 나타내기도 한다.

12時ごろ
12시쯤, 12시경

「ごろ」는 주로 시간 뒤에 붙어서 '(~시)경'이라는 뜻이다. 이밖에 자주 쓰이는 표현으로는 「このごろ(요즈음)」가 있다.

たいてい・いつも
대개 / 항상

빈도를 나타내는 말이다. 이밖에 자주 쓰이는 다음 표현들도 알아두자.

* いつも 항상 ➡ ほとんど 거의 ➡ たいてい 대개
  ふつう 보통 ➡ ときどき 때때로 ➡ たまに 가끔
  めったに 좀처럼 + 부정

友達と いっしょに
친구와 같이(함께)

「いっしょに」는 '함께, 같이'라는 뜻으로 「~といっしょに」는 '~와 같이'라는 뜻이다. 참고로 '혼자서'는 「ひとりで」, '다같이'는 「みんなで」.

• 7時(じ)に おきる	7시에 일어나다	• ひるごはんを たべる	점심밥을 먹다
• かおを あらう	얼굴을 씻다, 세수하다	• うちに かえる	집에 가다
• 学校(がっこう)へ いく	학교에 가다	• テレビを みる	텔레비전을 보다
• べんきょうする	공부하다	• ねる	자다

Let's Talk 1

하루일과를 동사를 이용하여 말해 봅시다.

트랙 38.mp3

7時に 起きます。

友達と いっしょに 学校の食堂で 食べます。

9時に 学校へ 行きます。

6時ごろ 帰ります。

A さとうさんは 毎朝 なんじに 起きますか。

B 7時に 起きます。

A そうですか。朝ごはんは 毎朝 食べますか。

B いいえ、わたしは 朝は いつも 食べません。

A ひるごはんは どこで 食べますか。

B 友達と いっしょに 学校の 食堂で 食べます。

A たなかさんは なんじに 学校へ 行きますか。

B 9時に 行きます。

A じゃ、なんじごろ うちに 帰りますか。

B 6時ごろ 帰ります。

A 夜は なんじに 寝ますか。

B たいてい 12時ごろ 寝ます。

A 사토 씨는 매일 아침 몇 시에 일어나요?

B 7시에 일어납니다.

A 그러세요? 아침밥은 매일 먹습니까?

B 아뇨, 저는 아침밥은 항상 안 먹어요.

A 점심은 어디서 먹어요?

B 친구랑 같이 학교 식당에서 먹어요.

A 다나카 씨는 몇 시에 학교에 가요?

B 9시에 갑니다.

A 그럼, 몇 시쯤에 집으로 가요?

B 6시쯤에 갑니다.

A 밤에는 몇 시에 자요?

B 대개 12시경에 자요.

07

- 朝(まいあさ) 매일 아침
- 起(お)きますか 일어납니까?
- ~に (시간)에
- 朝(あさ)ごはん 아침밥
- 毎日(まいにち) 매일
- 食(た)べますか 먹습니까?
- 食(た)べません 안 먹습니다
- ~へ ~에, ~로(방향)
- ひるごはん 점심(식사)
- ~で ~에서(장소)
- 友達(ともだち) 친구
- ~と ~랑, ~와
- いっしょに 같이
- 食堂(しょくどう) 식당
- 行(い)きますか 갑니까?
- ごろ ~경, 즈음
- 夜(よる) 밤, 밤에
- 寝(ね)ますか 잡니까?
- ~に (시간)에, (장소)로
- ~で (동작이 행해지는 장소)에서
- 동사 + ~ます ~합니다
  ~ますか ~합니까?
  ~ません ~하지 않습니다

동사의 종류와 활용을 잘 익혀두기 바랍니다.

1 일본어 동사

일본어 동사는 行く(가다) 来る(오다) 食べる(먹다) 寝る(자다) 처럼 끝음이 모두 [우]음으로 끝나는 것이 특징이다. 그리고, 동사의 모양에 따라 1류동사, 2류동사, 3류동사 세 가지로 구분하는데, 동사의 모양을 보고 1류인지, 2류인지 구별할 줄 알아야 한다.

동사의 종류와 구별방법

1류동사	끝음이 あいうえお 5단에 걸쳐 활용하여 5단동사라고도 한다.
	• 끝이 る로 끝나지 않는 것 ― 買う(사다) 行く(가다) 待つ(기다리다) 飲む(마시다)
	• 끝이 る로 끝나면서 る앞의 모음이 [아/우/오]인 것 ― 始まる(시작되다) 作る(만들다)
	• 예외 : 모양은 2류동사와 같지만, 1류동사인 것 ― 入る(들어가다) 帰る(돌아가다) 知る(알다) 走る(달리다) 要る(필요하다) 切る(자르다) 등
2류동사	2류동사에는 상1단동사와 하1단동사가 있다.
	• 상1단동사 : 끝이 모두 る로 끝나고 る바로 앞 글자의 모음이 [이]인 것. 見る(보다) 起きる(일어나다)
	• 하1단동사: 끝이 모두 る로 끝나면서 る바로 앞 글자의 모음이 [에]인 것. 寝る(자다) 食べる(먹다)
3류동사	활용이 불규칙하여 변격동사라고도 한다.
	来る(오다)와 する(하다) 두 개 뿐이다. 단, 「べんきょうする(공부하다)」처럼, する로 끝나는 동사도 여기에 해당한다.

가령 '가다'는 「行く」처럼 표기하므로 한자 읽는 법도 알아 두어야 합니다.

買う 사다

見る 보다

食べる 먹다

동사의 ます형

동사에 「ます」를 붙이면 '~(합)니다'란 뜻의 높임말이 된다. 이 때 동사의 종류에 따라 모양이 달라지는데, 「ます」가 올 때 바뀌는 형태를 ます형이라고 한다.

1류동사	끝음을 [い]음으로 바꾼 다음 **ます**를 붙여 준다. 買(か)う　　사다　　→　　買(か)います　　삽니다 行(い)く　　가다　　→　　行(い)きます　　갑니다 待(ま)つ　　기다리다　→　　待(ま)ちます　　기다립니다 作(つく)る　만들다　　→　　作(つく)ります　만듭니다 *入(はい)る　들어가다　→　　入(はい)ります　들어갑니다 *帰(かえ)る　돌아가다　→　　帰(かえ)ります　돌아갑니다
2류동사	끝의 **る**를 떼고 **ます**를 붙여준다. 見(み)る　　보다　　→　　見(み)ます　　봅니다 起(お)きる　일어나다　→　　起(お)きます　일어납니다 寝(ね)る　　자다　　→　　寝(ね)ます　　잡니다 食(た)べる　먹다　　→　　食(た)べます　먹습니다
3류동사	특별한 규칙이 없으므로 각각의 형태를 외우면 된다. 来(く)る　　오다　　→　　来(き)ます　　옵니다 する　　　　하다　　→　　します　　　합니다

 다음 동사를 ます/ ますか / ません형으로 바꾸세요.

行(い)く　→ いきます(갑니다) → いきますか(갑니까?) → いきません(안 갑니다)

① 買(か)う　→　　　　　　→　　　　　　　→
② 作(つく)る　→　　　　　　→　　　　　　　→
③ 食(た)べる　→　　　　　　→　　　　　　　→
④ 来(く)る　→　　　　　　→　　　　　　　→
⑤ 見(み)る　→　　　　　　→　　　　　　　→
⑥ 入(はい)る　→　　　　　　→　　　　　　　→
⑦ する　→　　　　　　→　　　　　　　→
⑧ 帰(かえ)る　→　　　　　　→　　　　　　　→
⑨ 飲(の)む　→　　　　　　→　　　　　　　→

각각의 동사와 어울리는 조사를 함께 배워 봅시다.

2 | ~(시간)に 起きますか/ 寝ますか。　　　~에 일어납니까? / 잡니까? <조사 に>

동사와 조사를 알면 매우 다양한 표현을 말할 수 있는데, 여기에 나온 조사 「に」는 '~에'라는 뜻으로 시간이나 요일, 날짜 등에 붙는다. 단, 朝(あさ/아침), ひる(낮), 夜(よる/밤)와 같은 단어에는 '아침에'라고 할 때 「に」를 붙이지 않는다.

> **주어진 단어를 이용하여 일본어로 말해 보세요.**

hint

> おきます
> まいばん　　しちじ
> 　　なんじ　　に
> ねます　じゅういちじ
> まいあさ

1. 매일 아침 몇 시에 일어납니까? / 7시에 일어납니다.

   _____ / _____

2. 매일 밤 몇 시에 잡니까? / 11시에 잡니다.

   _____ / _____

3 | 빈도를 나타내는 말

'항상, 가끔' 등 빈도를 나타내는 말이다. 다음 예문의 뜻을 생각해 보자.

(A) 毎日 テレビを 見ますか。　　매일 텔레비전을 봅니까?

(B) はい、いつも 見ます。
ときどき 見ます。
たまに 見ます。
めったに 見ません。
ぜんぜん 見ません。

(A) 毎朝 朝ごはんを 食べますか。　　매일 아침 아침밥을
먹습니까?

(B) はい、いつも 食べます。
ときどき 食べます。
たまに 食べます。
めったに 食べません。
ぜんぜん 食べません。

> **빈도부사**
> • いつも　　항상
> • ほとんど　거의
> • たいてい　대개
> • ふつう　　보통
> • ときどき　때때로
> • たまに　　가끔
> • めったに　좀처럼 + 부정형
> • ぜんぜん　전혀 + 부정형

4 **~へ(に) 行きます・帰ります・来ます**　　　　　　　<조사 へ>

'~로(에) 갑니다·돌아갑니다·옵니다'의 뜻이다. 여기서 나온 조사 「へ(로)」와 「に(에)」는 서로 비슷하게 쓰이지만, 「へ」는 방향을, 「に」는 목적지를 나타내는 뉘앙스가 들어 있다. 또 「へ」가 조사로 쓰일 때는 [에]로 발음한다.

> *조사로 쓰일 때 음이 변하는 것:
> ~は(~은/는) ~へ(~에/로)

행く 가다 → | ← 帰る 돌아가다

우리집　　　　　　　　직장　　　　　　　　거래처

07

😎✨ **이동을 나타내는 말**

이동동사는 行く(가다) 来る(오다) 帰る(돌아가다)가 있는데, 주의할 것은 帰る이다. 帰る는 いえ・うち(집)・いなか(시골)・こきょう(고향) 등 원래 있던 곳(정신적으로 소속감을 느끼는 곳)으로 다시 돌아갈 때 쓰는 말이다. 그래서 우리말로는 '집에 가다', '친구 집에 가다' 모두 '가다'라고 하지만, 일본어로는 「うちに 行く」라고 하지 않고 「うちに 帰る」라고 해야 한다. 참고로 「もどる(돌아가다)」라는 말이 있는데, 이것은 정신적인 소속감과는 상관없이 단지 원래 있던 위치로 되돌아가는 것을 말한다.

두 친구가 학교에서 만나 대화를 하고 있습니다.
다음 대화에 적당한 말을 골라 써 넣으세요.

hint

行きます
来ます
帰ります

*일단 ます형으로 바꾸고 ます대신
ますか, ません을 붙여주면 됩니다.

A Bさんは いつも 何時に 学校に　①＿＿＿＿＿　か。

B わたしは たいてい 9時に　②＿＿＿＿＿。Aさんは?

A わたしは 10時ごろ　③＿＿＿＿＿。

B じゃ、うちには 何時に　④＿＿＿＿　か。

A 7時ごろ　⑤＿＿＿＿＿。

B そうですか。

A きょうは これから どこへ　⑥＿＿＿＿　か。

B 明洞へ　⑦＿＿＿＿＿。

• これから 지금부터, 앞으로

①来ます ②来ます ③行きます ④帰ります ⑤帰ります ⑥行きます ⑦行きます　답

5 ~で 食べます ~에서 먹습니다 <조사 で>

「で」는 우리말 '에서, 로(ことしで:올해로)' 등 쓰임새가 많은 조사인데, 여기서는 '에서'라는 뜻
으로 동작이 이루어지는 장소를 나타낸다.

・ひるごはんは 食堂で 食べます。	점심은 식당에서 먹습니다.
・くつうりばで くつを 買います。	구두매장에서 신발을 삽니다.
・コーヒーショップで コーヒーを 飲みます。	커피숍에서 커피를 마십니다.

 지금까지 나온 조사 정리

조사	뜻	예문	
は	은/는	これは ほんです。	이것은 책입니다.
が	이/가	これが ほんです。	이것이 책입니다.
に	에(시간)	7時に 起きます。	7시에 일어납니다.
へ	에(목적지)	日本に 行きます。	일본에 갑니다.
	에/로(방향)	日本へ 行きます。	일본으로 갑니다.
で	에서(장소)	デパートで 買います。	백화점에서 삽니다.
から	에서/부터(시작점)	9時から はじまります。	9시부터 시작됩니다.
まで	까지	ソウルから 釜山まで	서울에서 부산까지
を	을/를	ごはんを 食べます。	밥을 먹습니다.
と	와	せんせいと いっしょに	선생님과 같이
も	도	これも ほんです。	이것도 책입니다.
か	까	どこへ 行きますか。	어디에 갑니까?

※ 서울에서 부산까지의 '에서'는 동작의 장소가 아니라 시작점을 나타내므로 「で」가
아니라 「から」를 써야 한다.

그림을 보면서 다음 단어를 이용하여 ⓓ와 같이 말해 보세요.

ⓓ へや(방) 音楽(음악) 聞く(듣다)

→ へやで 音楽を 聞きます。

❶ きょうしつ(교실) 宿題(숙제) する(하다)

→

❷ だいどころ(부엌) 料理(요리) 作る(만들다)

→

❸ うみ(바다) 写真(사진) とる(찍다)

→

❹ 運動場(운동장) サッカー(축구) する(하다)

→

❺ 映画館(영화관) 映画 見る(보다)

→

✏️ 확인문제

1 일본어는 우리말로, 우리말은 일본어로 바꾸세요.

① いゅくだい ⬜⬜

② りょうり ⬜⬜

③ いつも ⬜⬜

④ たいてい ⬜⬜

⑤ ひるごはん ⬜⬜

⑥ 친구 ⬜⬜⬜⬜

⑦ 식당 ⬜⬜⬜⬜⬜

⑧ 텔레비전 ⬜⬜⬜

⑨ 사진 ⬜⬜⬜

⑩ 영화관 ⬜⬜⬜⬜⬜

2 빈칸에 들어갈 말을 써 넣으세요.

① これ ⬜ ほんです。

② まいあさ 6じ ⬜ おきます。

③ らいしゅう にほん ⬜ / ⬜ いきます。

④ テストは 何時 ⬜ 何時 ⬜ ですか。

⑤ デパート ⬜ くつ ⬜ かいます。

3 다음을 일본어로 말해 보세요.

① 몇 시쯤에 집에 갑니까?

② 저는 매일 아침 8시에 회사에 갑니다.

③ 점심은 친구와 함께 학교 식당에서 먹습니다.

日本の
文化

일본의 고속열차 신칸센

1964년 도쿄올림픽을 계기로 일본도 발전을 이루게 되는데, 신칸센은 고도성장의 상징으로 그 해 10월에 개통되었다. 최신형'노조미'는 도쿄와 오사카 (서울 부산 거리와 비슷함)를 2시간 30분에 달리고 있다. 남으로는 큐슈 하카타에서 북으로는 니이가타까지 이어주는 그야말로 일본의 대동맥의 역할을 하고 있는 것이다. 일본 전국일주를 여행한다면 굵직한 도시는 신칸센으로 이동하고 도시에서는 전철을 이용하는 것이 편리한데, 부산에서 배를 타고 후쿠오카하카다항까지 가서 신칸센으로 이동하는 것도 색다른 여행을 즐기는 방법이다. 그런데 일본에서는 교통비가 너무나 비싸므로, 기차여행을 하고 싶을때는 출국전에 외국인 전용 JR패스(기간별 자유이용권)를 사가는 것이 좋다.

すきですか。

주요표현 본문 회화에 나오는 주요표현입니다.
우선 한마디씩 듣고 따라하세요.

해설강의 듣기　트랙 39.mp3

なにに しますか。

なにに しますか。
뭘로 하시겠어요?

음식점이나 커피숍 같은 곳에서 무엇을 주문할지 묻는 표현이다. 「~に する」는 '~로 하다'라는 뜻으로 어떤 것을 선택할 때 쓴다. 이보다 정중한 표현은 「なにに なさいますか (뭘로 하시겠습니까?)」이다.

コーヒーに します。

コーヒーに します。
커피로 할게요.

자신이 선택한 것을 「に」 앞에 넣어 말하면 된다. '이것으로 할게요'하려면 「これに します」라고 한다.

コーヒーが
すきです。

コーヒーが すきです。
커피를 좋아합니다.

「好きです」는 '좋아합니다'란 뜻이다. 반대말은 「きらいです(싫어합니다)」. 앞에 '을/를'에 해당하는 조사는 「が」를 쓰는 것에 주의.

● A：~さんは ~が 好きですか。
● B：はい、すきです。
　　いいえ、あまり すきじゃありません。

あまり すきじゃありません。
별로 좋아하지 않아요.

「あまり」는 '별로, 그다지'의 뜻으로 뒤에는 부정문이 온다. 이 말은 부정적인 말을 할 때 앞에 붙임으로써 문장의 쿠션 역할을 하여 직선적인 느낌을 덜 준다. 「きらいです」와 같이 직접적인 표현보다는 부드러운 표현이다. 「あまり」의 반대말은 「とても(아주)」.

08

おまたせしました。
오래 기다리셨습니다.

기다리고 있던 손님에게 점원이 하는 말로, 꼭 기다리게 해서라기보다는 음식이나 음료수를 가져오면서 '여기 주문한 것 나왔습니다' 정도의 뜻으로 하는 말이다.
일상회화에서 누군가를 기다리게 했을 때 '오래 기다리셨죠?'의 뜻으로도 쓸 수 있다.

あじは どうですか。
맛이 어때요?

우리말로는 '맛이'라고 하지만 일본어로는 「味は(맛은)」라고 하는 것이 자연스럽다. 「どうですか」는 '어때요?'란 말로 다양한 장면에서 쓸 수 있는 말이다. 좀더 정중한 표현은 「いかがですか(어떠십니까?)」, 반말은 「どう(어때?)」라고 한다.

트랙 40.mp3

李	なにに しますか。
木村	わたしは コーヒーに します。
李	きむらさんは コーヒーが 好(す)きですか。
木村	ええ、大好(だいす)きです。李さんは?
李	わたしは コーヒーは あまり 好(す)きじゃ ありません。
木村	そうですか。じゃ、なにに しますか。
李	わたしは オレンジジュースに します。
	(점원이 커피와 오렌지주스를 가져온다.)
店員	お待(ま)たせしました。
	(점원이 가고 나서)
李	ここの コーヒーの 味(あじ)は どうですか。
木村	会社(かいしゃ)の コーヒーは あまり おいしくないですが、 ここのは とても おいしいですね。

08

• なにに	무엇으로
• コーヒー	커피
• 好(す)きですか	좋아합니까?
• 大好(だいす)きです	아주 좋아합니다
• あまり	별로, 그다지
• 好(す)きではありません	좋아하지 않습니다
• オレンジ	오렌지
• ジュース	주스
• おまたせしました	기다리게 했습니다
• 味(あじ)	맛
• どうですか	어떻습니까?
• おいしくない	맛없다
• ここの	여기 것
• とても	아주, 매우
• おいしい	맛있다
• ~ですね	~이네요

• ~にする	~로 하다
• ナ형용사＋です	
ナ형용사＋ではありません	
• イ형용사＋です	
イ형용사＋くありません	

이(준호)	뭘로 하겠어요?
기무라	저는 커피로 할게요.
이(준호)	기무라 씨는 커피를 좋아해요?
기무라	네, 아주 좋아해요. 준호 씨는요?
이(준호)	저는 커피는 별로 좋아하지 않아요.
기무라	그래요? 그럼 뭘로 할거예요?
이(준호)	저는 오렌지주스로 할게요.
	(점원이 커피와 오렌지주스를 가져온다.)
점원	주문하신 것 나왔습니다.
	(점원이 가고 나서)
이(준호)	여기 커피 맛 어때요?
기무라	회사 커피는 별로 맛이 없는데, 여기 것은 아주 맛있네요.

 **포인트 문형**　8과에서는 형용사가 등장합니다. 종류와 활용에 대해 익혀 봅시다.

1 イ형용사

イ형용사의 특징

일본어의 형용사는 イ형용사와 ナ형용사가 있는데, イ형용사의 가장 큰 특징은 끝이 항상 「い」로 끝난다는 것이다. イ형용사를 높임말로 바꾸려면 끝에 「です(입니다)」를 붙여 주면 된다.

> ・おおきい　크다　　　　→　　おおきいです　큽니다
> ・おいしい　맛있다　　　→　　おいしいです　맛있습니다

イ형용사의 부정형

부정형은 끝의 「い」를 「く」로 바꾼 다음 「ない」를 붙여 「~くない」형태로 바꾸면 되는데, 「~くない」형태로는 '~지 않다'라는 뜻이고 여기에 「です」를 붙여주면 높임말이 된다. 단, 「いい(좋다)」는 「よい」라고도 하는데 부정형으로 바꿀 때는 「いくないです」가 아니라 「よくないです」라고 한다.

기본형	부정형	부정형 높임말
はやい 빠르다	はやくない 빠르지 않다	はやくないです 빠르지 않습니다
あたたかい 따뜻하다	あたたかくない 따뜻하지 않다	あたたかくないです 따뜻하지 않습니다
いい 좋다	よくない 좋지 않다	よくないです 좋지 않습니다

> 참고로 「~くないです」 대신 「~くありません」을 써도 좋은데, 회화체에서는 「~くないです」를 많이 쓰고, 문장체에서는 「~くありません」을 많이 쓴다.

다음 단어를 이용하여 긍정문과 부정문을 만들어 보세요.

 あかるい 밝다

 くらい 어둡다

 あたらしい 새롭다

 ふるい 오래되다

 はやい 빠르다

 おそい 느리다

 あつい 뜨겁다

 つめたい 차갑다

 あつい 덥다

 さむい 춥다

 いい 좋다

 わるい 나쁘다

 おおきい 크다

 ちいさい 작다

 おもい 무겁다

 かるい 가볍다

 たかい 높다

 ひくい 낮다

 たかい 비싸다

 やすい 싸다

2 ナ形容詞

ナ形容詞의 특징

イ形容詞는 끝이 모두 「い」로 끝나지만, ナ形容詞는 「だ」로 끝나는 형태를 기본형으로 본다. 단, 뒤에 명사가 왔을 때「すきです」가 「すきなひと(좋아하는 사람)」처럼 「な」로 바뀐다고 해서 ナ形容詞라고 부른다. 주로 우리말 '~하다'로 끝나는 형용사나 '~적이다' '외래어 + 하다'가 여기에 속한다. 그러나 사전을 찾을 때는 「だ」가 빠진 형태로 찾아야 한다.

- しずかだ 조용하다
- 人間的だ^{にんげんてき} 인간적이다
- スマートだ 날씬하다

＊「スマート」는 머리가 좋다는 뜻보다는 날씬하다는 뜻으로 쓰임

어간에 「だ」를 붙인 「だ형」을 기본형으로 하고, '~합니다' 하고 높임말을 만들려면 「だ」를 떼고 「です」를 붙여 주면 된다.

- すきだ 좋아하다　　→　　すきです 좋아합니다
- きらいだ 싫어하다　　→　　きらいです 싫어합니다

ナ形容詞의 부정형

부정형은 어간에 「です」의 부정형인 「では(じゃ)ありません」 또는 「ではないです」를 붙여 주면 된다.

- すきです 좋아합니다　　→　　すきではありません 좋아하지 않습니다
- きらいです 싫어합니다　　→　　きらいではありません 싫어하지 않습니다

 명사와 형용사에 붙는 「だ」와 부정형

	~だ ~다	~です ~입니다	~ではない ~가 아니다 / ~지 않다	~ではないです(~ではありません) ~가 아닙니다 / ~지 않습니다
명사	とけいだ 시계다	とけいです	とけいではない	とけいではないです
イ形容詞	おおきい 크다	おおきいです	おおきくない	おおきくないです
ナ形容詞	しずかだ 조용하다	しずかです	しずかではない	しずかではないです

다음 단어를 이용하여 긍정문(－です)과 부정문(－ではないです)을 만들어 보세요.

らくだ 편하다	たいへんだ 힘들다	じょうずだ 잘하다	へただ 서툴다, 못하다
すきだ 좋아하다	きらいだ 싫어하다	べんりだ 편리하다	ふべんだ 불편하다
しんせつだ 친절하다	ふしんせつだ 불친절하다	かんたんだ 간단하다	ふくざつだ 복잡하다
しずかだ 조용하다	にぎやかだ 붐비다	ひまだ 한가하다	*いそがしい 바쁘다
きれいだ 깨끗하다	*きたない 더럽다	まじめだ 성실하다	かわいそうだ 불쌍하다

＊いそがしい, きたない는 イ형용사.

やってみよう

1 그림을 보고 ❶와 같이 반대말을 이용하여 문장을 만들어 보세요.

> 예　わたしの へや(방)は せまいです。　→　わたしの へやは ひろくありません。

❶ この くつは ＿＿＿＿＿＿＿　→　＿＿＿＿＿＿＿

たかい 비싸다

❷ この かばんは ＿＿＿＿＿＿　→　＿＿＿＿＿＿＿

❸ この やまは ＿＿＿＿＿＿＿　→　＿＿＿＿＿＿＿

おもい 무겁다

❹ この コーヒーは ＿＿＿＿＿　→　＿＿＿＿＿＿＿

たかい 높다

あつい 뜨겁다

2 ❶와 같이 부정으로 답해 보세요.

> 예　わたしのへや(방)は せまいです。　→　A 日本の カメラは たかいですか。
> 　　　　　　　　　　　　　　　　　　　　　　B いいえ、あまり たかくないです。

❶ ここの コーヒー・おいしい

A

B いいえ、

❷ 学校の 食堂・やすい
　（がっこう）（しょくどう）

A

B いいえ、

❸ この コンピューター・いい

A

B いいえ、

❹ ホテル(호텔)の へや・ひろい

A

B いいえ、

3 그림을 보고 적당한 말을 넣어 문장을 완성하세요.

hint

| きれいだ | しんせつだ |
| まじめだ | しずかだ |

예 　金さんは 日本語が じょうずです。

① さとうさんは ＿＿＿＿＿＿＿＿

② へやは ＿＿＿＿＿＿＿＿

③ 図書館は ＿＿＿＿＿＿＿＿

④ はやしさんは ＿＿＿＿＿＿＿＿

08

4 예와 같이 부정으로 답해 보세요.

예 　コーヒー (커피) / すき?(いいえ) → A コーヒー は すきですか。
B いいえ、あまり すきではありません。

①

しごと(일, 업무) / たいへん? (いいえ)

A

B いいえ、

②

店員(점원) / 親切? (いいえ)

A

B いいえ、

③

このきかい(이 기계) / べんり? (いいえ)

A

B いいえ、

④

ちゅうごくご(중국어) / じょうず? (いいえ)

A

B いいえ、

すきですか　113

🎧 듣기 훈련 코스

잘 듣고 빈 칸에 알맞은 시간과 요일을 써 넣으세요.

트랙 41.mp3

A _____ は どうですか。

B ちょっと _____ ですが、_____ です。

		ⓐ	ⓑ	ⓒ	ⓓ
❶	일본어공부 日本語のべんきょう	おもしろい	つまらない	むずかしい	やさしい
❷	호텔 방 ホテルのへや	ひろい	せまい	きれいだ	きたない
❸	레스토랑 レストラン	おいしい	おいしくない	たかい	やすい
❹	스웨터 セーター	いろはいい	いろはわるい	おおきい	ちいさい

- おもしろい 재미있다
- つまらない 재미없다
- むずかしい 어렵다
- やさしい 쉽다
- ひろい 넓다
- せまい 좁다
- いろ 색깔

✏️ 확인문제

1 일본어는 우리말로, 우리말은 일본어로 바꾸세요.

① あたたかい ☐☐☐☐

② やすい ☐☐

③ むずかしい ☐☐☐

④ べんりだ ☐☐☐

⑤ きれいだ ☐☐☐☐

⑥ 오렌지주스 ☐☐☐☐☐☐☐

⑦ 춥다 ☐☐☐

⑧ 비싸다 ☐☐☐

⑨ 좋아하다 ☐☐☐

⑩ 조용하다 ☐☐☐☐

2 빈칸에 들어갈 말을 써 넣으세요.

A 　[＿＿＿＿]① に しますか。

B わたしは コーヒーに します。李さんは?

A わたし ☐② コーラ ☐③ します。

B さとうさんは?

C わたし ☐④ コーヒーに します。

　コーラは あまり すきでは [＿＿＿＿]⑤ 。

3 다음을 일본어로 말해 보세요.

① 맛은 어때요?

② 학교 식당은 별로 맛있지 않습니다.

③ 저는 커피를 좋아합니다.

日本の文化

세계적인 장수국 일본

일본 사람들은 왜 오래 살까? 그 이유 중 하나는 식생활 때문일 것이다. 거의 매일 미소시루라고 하는 된장국과 생선, 콩 등을 즐겨 먹고 더욱이 그 양도 적기 때문이다. 소식(少食)이 건강에 좋다는 건 이미 알려진 상식. 그러다 보니 오래 사는 노인이 많아지고 노인층의 인구도 해마다 늘어나고 있어, 2025년에는 65세이상의 고령자가 일본 전체 인구의 25%나 차지할 것이라고 한다. 어른 세명 중 한 명은 노인인 셈이다. 반면, 아이가 태어나는 수는 점점 줄고 있어서 「高齢化(고령화)」, 「少子化(출생률 저하)」는 일본이 직면하고 있는 큰 사회문제이다.

우리나라도 이와 같은 문제가 이제 남의 나라 일이 아니다. 장수는 누구든 원하는 것이지만 앞으로는 노령기의 삶의 질이 더 중요한 과제가 될 것이다.

Unit 9 なにが ありますか。

해설강의 듣기　트랙 42.mp3

우리 주변에서 흔히 볼 수 있는 물건들의 이름을 익혀 봅시다.
번호를 가리키며 서로 물어보세요.

①

A	これは 何ですか。	이건 뭐예요?
B	これですか。 これは ~です。	이거요? 이건 ~입니다.

① つくえ 책상	⑪ 辞書(じしょ) 사전	㉑ ナイフ 나이프
② はいざら 재털이	⑫ ほん 책	㉒ フォーク 포크
③ たばこ 담배	⑬ ほんだな 책장	㉓ さいふ 지갑
④ 木(き) 나무	⑭ 花(はな) 꽃	㉔ はがき 엽서
⑤ くるま 자동차	⑮ 自転車(じてんしゃ) 자전거	㉕ てがみ 편지
⑥ コンピューター 컴퓨터	⑯ ネクタイ 넥타이	㉖ きって 우표
⑦ いす 의자	⑰ テレビ 텔레비전	㉗ けいたい 휴대폰
⑧ えんぴつ 연필	⑱ ゴミばこ 휴지통	㉘ ざっし 잡지
⑨ 電話(でんわ) 전화	⑲ テーブル 테이블	
⑩ 時計(とけい) 시계	⑳ さら 접시	

트랙 43.mp3

우리 주변에서 흔히 볼 수 있는 상점과 건물들의 이름을 익혀 봅시다.
번호를 가리키며 서로 물어보세요.

②

A	あそこは 何ですか。	저긴 뭐예요?
B	どこですか。	어디요?
A	あそこです。	저기요.
B	あ、あそこは ~です。	아, 저긴 ~예요.

① 病院(びょういん) 병원	⑧ 郵便局(ゆうびんきょく) 우체국	⑮ 学校(がっこう) 학교
② 駅(えき) 역	⑨ ポスト 우체통	⑯ 公園(こうえん) 공원
③ ホテル 호텔	⑩ 喫茶店(きっさてん) 커피숍	⑰ 薬局(やっきょく) 약국
④ ピザ屋(や) 피자집	⑪ 銀行(ぎんこう) 은행	⑱ パン屋(や) 빵집
⑤ 公衆電話(こうしゅうでんわ) 공중전화	⑫ 花屋(はなや) 꽃집	⑲ さかな屋(や) 생선가게
⑥ 本屋(ほんや) 서점	⑬ 映画館(えいがかん) 영화관	⑳ やお屋(や) 야채가게
⑦ すし屋(や) 초밥집	⑭ 食堂(しょくどう) 식당	

Let's Talk 1 なにが ありますか。무엇이 있어요?

트랙 44.mp3

A つくえの 上^{うえ}に なにが ありますか。

B 本^{ほん}や えんぴつや じしょなどが あります。

A けいたいも ありますか。

B いいえ、けいたいは ありません。

• つくえ	책상
• 上(うえ)	위
• ありますか	있습니까?
• ~や	~랑
• ~など	~등
• あります	있습니다
• ありません	없습니다

A 책상 위에 무엇이 있습니까?

B 책이랑 연필이랑 사전 등이 있습니다.

A 휴대폰도 있어요?

B 아뇨, 휴대폰은 없습니다.

Let's Talk 2　どこに ありますか。어디에 있어요?

트랙 45.mp3

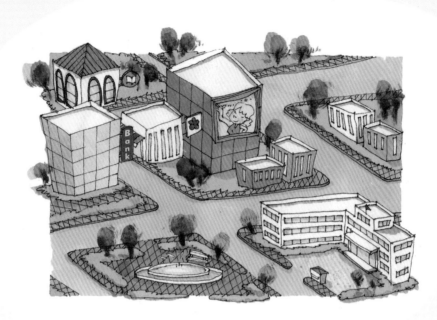

(A) ほんやは どこに ありますか。

(B) ほんやは はなやの まえに あります。

(A) はなやは どこに ありますか。

(B) 銀行と 映画館の あいだに あります。

(A) 学校の ちかくに なにが ありますか。

(B) 公園が あります。

- まえ(前)　　　　　앞
- 銀行(ぎんこう)　　은행
- 映画館(えいがかん) 영화관, 극장
- あいだ(間)　　　　사이
- 学校(がっこう)　　학교
- ちかく　　　　　　근처
- 公園(こうえん)　　공원

(A) 서점은 어디에 있습니까?

(B) 서점은 꽃집 앞에 있습니다.

(A) 꽃집은 어디에 있습니까?

(B) 은행과 영화관 사이에 있습니다.

(A) 학교 근처에 무엇이 있습니까?

(B) 공원이 있습니다.

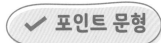 **포인트 문형**   무엇이 있는지, 어디에 있는지 위치표현에 대해 익혀 봅시다.

1   なにが ありますか。 무엇이 있습니까?

「あります」의 기본형은 무엇일까? 「ます」 바로 앞의 음이 り(い단음)이므로 기본형은 「ある」이다. 우리말의 '있다'에 해당하는 일본어는 「ある」(1류동사)와 「いる」(2류동사)가 있는데, 사물(움직이지 않는 것)은 「ある」, 사람이나 동물(움직이는 것)은 「いる」로 구별해서 쓴다. 참고로 식물의 경우 살아 있지만 움직이지 않기 때문에 「ある」를 쓴다.

ある 있다	あります 있습니다	ありません 없습니다

「なにが ありますか(무엇이 있습니까?)」라고 물었을 때는 다음과 같이 대답할 수 있다.

~が あります	~이 있습니다	한 개만 있을 때
~と ~が あります	~와 ~가 있습니다	두 개가 있을 때
~や ~や ~などが あります	~랑 ~랑 ~등이 있습니다	여러 개 있을 때

 그림을 보면서 다음과 같이 묻고 답하세요.

A なにが ありますか。
무엇이 있습니까?

B はいざらが あります。
재떨이가 있습니다.

1 でんわ 전화
2 はがき 엽서
3 ほんだな 책장
4 けいたい 휴대폰
5 いす 의자
6 テーブル 테이블

2 つくえの うえに あります。　　　책상 위에 있습니다.

'책상 위'라고 할 때 「つくえの うえ」처럼 반드시 「の」가 들어간다. 「~に あります」는 '~에 있습니다'의 뜻으로 「に」 앞에는 위치를 나타내는 말이 온다.

위치를 나타내는 말

 テーブルの うえに コップが あります。

テーブルの上 테이블 위

つくえの下 책상 아래

はこの中 상자 안

はこの外 상자 밖

車の前 자동차 앞

車の後ろ 자동차 뒤

ひだり왼쪽 / **みぎ** 오른쪽

よこ 옆

となり 옆

 위의 그림을 보면서 다음 빈칸에 들어갈 말을 써 넣으세요.

1. つくえの ＿＿＿＿に かばんが あります。

2. びょういんの ＿＿＿＿に ゆうびんきょくが あります。

3. ポストの ＿＿＿＿に こうしゅうでんわが あります。

4. さらの ＿＿＿＿に フォークが あります。

3　なにか ありますか。　　　　무언가 있습니까?

「なにか」는 '무언가'란 뜻으로 있는지 없는지를 묻는 표현이다. 따라서 있으면 「はい、あります。(예, 있습니다.)」, 없으면 「いいえ、ありません。(아뇨, 없습니다.)」으로 대답하고, 아무것도 없을 때는 「なにも ありません。(아무것도 없습니다.)」라고 한다.

・なにか ありますか。	무언가 있습니까?
・はい、~が あります。	예, ~이 있습니다.
・いいえ、なにも ありません。	아뇨, 아무것도 없습니다.

・なにか 무언가　　・なにが 무엇이　　・なにも 아무것도

 그림을 보면서 다음과 같이 묻고 답하세요.

A はこの なかに なにか ありますか。
상자 안에 무언가 있습니까?

B はい、さいふが あります。
네, 지갑이 있습니다.

 　　　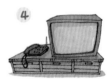

1　かばんの なかに なにか ありますか。

2　つくえの うえに なにか ありますか。

3　いすの したに なにか ありますか。

4　でんわの よこに なにか ありますか。

やってみよう 냉장고 안에 무엇이 있을까요? 그림을 보면서 어디에 무엇이 있는지 말해 봅시다.

우선 단어를 익히고, 다음 질문에 답해보세요.

• れいぞうこ	냉장고
• にく	고기
• ぎゅうにゅう	우유
• すいか	수박
• コーラ	콜라
• たまご	계란
• チーズ	치즈
• かんビール	캔맥주
• びんビール	병맥주
• ジュース	주스
• ぶどう	포도
• みかん	귤
• りんご	사과
• バナナ	바나나
• ねぎ	파
• たまねぎ	양파
• にんじん	당근
• はくさい	배추
• とりにく	닭고기
• みず	물

09

❶ たまご(계란)は どこに ありますか。

→ たまごは ぎゅうにゅう(우유)の うえに あります。

❷ びんビール(병맥주)は どこに ありますか。

→

❸ にく(고기)は どこに ありますか。

→

❹ りんご(사과)は どこに ありますか。

→

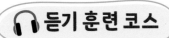

듣기 훈련 코스 잘 듣고 어느 위치에 있는지 체크하세요.

트랙 46.mp3

> A ~は どこに ありますか。
>
> B ~は ~の ~に あります。

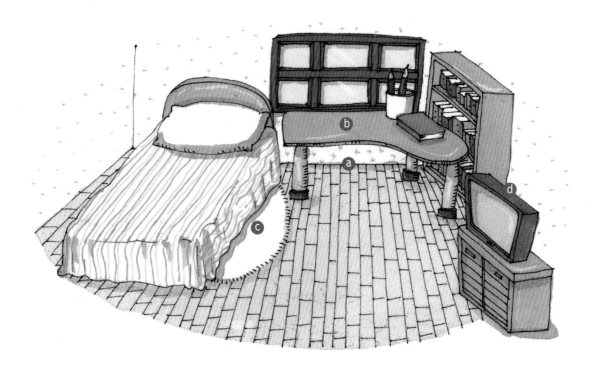

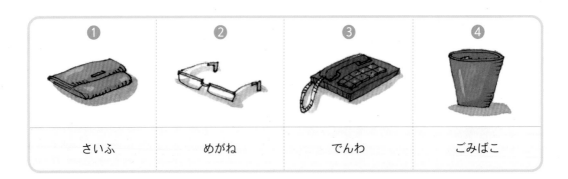

❶	❷	❸	❹
さいふ	めがね	でんわ	ごみばこ

1 일본어는 우리말로, 우리말은 일본어로 바꾸세요.

① てがみ ⬜⬜

② たばこ ⬜⬜

③ やおや ⬜⬜⬜⬜

④ はいざら ⬜⬜⬜

⑤ いす ⬜⬜

⑥ 전화 ⬜⬜⬜

⑦ 연필 ⬜⬜⬜⬜

⑧ 잡지 ⬜⬜⬜

⑨ 약국 ⬜⬜⬜⬜⬜

⑩ 우체통 ⬜⬜⬜

2 빈칸에 들어갈 조사를 써 넣으세요.

A その かばん ⬜① なかに なに ⬜②
ありますか。

B はい、あります。

A なに ⬜③ ありますか。

B けいたい ⬜④ ほん ⬜⑤ が あります。

3 다음을 일본어로 말해 보세요.

① 테이블 위에 뭔가 있어요?

② 은행과 우체국 사이에 호텔이 있습니다.

③ 책상 위에 지갑이랑 사전 등이 있습니다.

日本の文化

일본의 결혼풍속도

일본에서는 꽤 오래전부터 연하의 남자와 결혼하는 케이스가 많아졌고, 이런 현상은 이제 우리나라에서도 흔히 볼 수 있게 되었다.

또 결혼식은 보통 신사나 교회에서치르고, 예식을 올린 후 신랑 신부 쪽 모두 모여 피로연을 갖는데, 피로연에는 신랑신부가 참가하고 친구들이 축가를 불러주는 등 파티의 성격이 강하다. 요즘 우리나라에서도 이벤트성이 강한 결혼식이 생겨나고 있는데,식사도 호텔 레스토랑 수준으로 나오기 때문에 아무나 초대하지도 않고 아무나 갈 수도 없다. 대부분 자리가 정해져 있어 자신의 자리에 앉아야 하는데, 이러다 보니 결혼비용이 만만치가 않다.

보통 간단하게 한다고 해도 비용이 500～700만엔 정도 들기 때문에 최근에는 일절 생략하고 그 돈을 신혼여행이나 결혼후 생활비로 쓰겠다는 실용파도 늘고 있다. 사진은 신전결혼식 장면.

どこに いますか。

이유미 씨의 생일을 축하하려 친구들이 집에 모였습니다. 모두들 어디에 있을까요?

トイレ

2階のへや

駐車場

朴

トニー

いま

すずき

せんせい

たなか

李

きむら

だいどころ

にわ

어디에 있습니까?

Let's Talk

해설강의 듣기　트랙 47.mp3

A　李さんは どこに いますか。

B　だいどころに います。

A　きむらさんは?

B　きむらさんは にわに います。

A　へやの なかに だれか いますか。

B　ええ、トニーさんが います。

• まえ(前)	앞
• いますか	있습니까?
• だいどころ	부엌
• います	있습니다
• にわ	정원
• へや	방

10

A　유미 씨는 어디에 있어요?
B　부엌에 있습니다.
A　기무라 씨는요?
B　기무라 씨는 정원에 있어요.
A　방 안에 누군가 있어요?
B　네, 토니 씨가 있습니다.

• トイレ	화장실
• 2階(にかい)のへや	2층 방
• だいどころ	부엌
• いま	거실
• 駐車場(ちゅうしゃじょう)	주차장

• どこに いますか 어디에 있습니까?

• ~に います ~에 있습니다

무엇이 있는지, 어디에 있는지에 관한 위치표현에 대해 익혀봅니다.

1 | どこに いますか。 | 어디에 있습니까? |

「います(있습니다)」의 기본형은 「いる(있다)-2류동사」이다. 사물에는 「ある」를 쓰지만, 사람이나 동물이 '있다'고 할 때는 「いる」로 구별해서 쓴다.

| いる 있다 | います 있습니다 | いません 없습니다 |

누가 있냐고 물어볼 때는 「だれが いますか」라고 한다.

| ・なにが ありますか。 | 무엇이 있습니까? | 사물 |
| ・だれが いますか。 | 누가 있습니까? | 사람 |

 그림을 보면서 다음과 같이 묻고 답하세요.

Ⓐ どこに いますか。
어디에 있습니까?

Ⓑ トイレに います。
화장실에 있습니다.

1. へやの なか 방 안

2. きょうしつ 교실

3. ほんや 서점

2 だれか いますか。　　　　　누군가 있습니까?

「だれか」는 「なにか」와 마찬가지로 사람이 있는지 없는지 묻는 표현이다. 이때도 역시 대답은 「はい」나 「いいえ」로 하고 아무도 없을 때는 「だれも いません(아무도 없어요)」이라고 대답하면 된다.

> ・だれか いますか。　　　　　누군가 있습니까?
> ・はい、~が います。　　　　예, ~가 있습니다.
> ・いいえ、だれも いません。　아뇨, 아무도 없습니다.

・だれか 누군가　　・だれが 누가　　・だれも 아무도

 그림을 보면서 다음과 같이 묻고 답하세요.

A へやの なかに だれか いますか。
방 안에 누군가 있습니까?

B はい、おんなの 人^{ひと}が います。
네, 여자가 있습니다.

・おんなの 人(ひと) 여자

①
A にわに だれか いますか。
B

②
A としょかんに だれか いますか。
B

③
A 学校^{がっこう}に だれか いますか。
B

④
A ほんやに だれか いますか。
B

3 なにが いますか。 　　　　　　　　　무엇이 있습니까?

동물의 경우도 움직이는 생물이므로 '있다'고 할 때 「いる」를 쓴다. 단, 동물에게는 「だれが(누가)」라고 하지 않고 「なにが(무엇이)」라고 한다.

오른쪽의 그림을 보면서 다음과 같이 묻고 답하세요.

A _____は いますか。 　　　　　　　　~이 있습니까?

B はい、います。 　　　　　　　　네, 있습니다.

A どこに いますか。 　　　　　　　어디에 있습니까?

B _____の そばに/まえに/うしろに います。 　~옆에/앞에/뒤에 있습니다.

A なにか いますか。 　　　　　　　무언가 있습니까?

B _____や_____や_____が います。 　~랑 ~랑 ~이 있습니다.

① はと 비둘기 　　　⑨ わに 악어 　　　　⑰ ひよこ 병아리
② キリン 기린 　　　⑩ ねこ 고양이 　　　⑱ にわとり 닭
③ ぞう 코끼리 　　　⑪ カンガルー 캥거루 　⑲ アヒル 오리
④ ライオン 사자 　　⑫ きつね 여우 　　　⑳ いぬ 개
⑤ オットセイ 물개 　⑬ すずめ 참새 　　　㉑ うさぎ 토끼
⑥ ぶた 돼지 　　　⑭ さる 원숭이 　　　㉒ しろくま 백곰 (곰은 くま)
⑦ うし 소 　　　　⑮ うま 말
⑧ かば 하마 　　　⑯ とら 호랑이

どうぶつのくに
동물의 나라

131

비행기 안입니다. 누가 어디에 있는지 그림을 보면서 질문에 답하세요.

~は ~の となり / まえ / うしろに います。
~은 ~의 옆 / 앞 / 뒤에 있습니다

1. トニーさんは どこに いますか。

2. 朴さんは どこですか。

3. たなかさんは どこに いますか。

4. すずきさんの まえは だれですか。

5. 李さんの みぎは だれですか。

「どこに いますか」は
줄여서「どこですか」
라고도 해요.

- 席(せき) 자리
- 1番前(いちばんまえ) 제일 앞
- 列(れつ) 열
- 1番目(いちばんめ) 첫 번째
- 2番目(にばんめ) 두 번째
- 3番目(さんばんめ) 세 번째
- まどがわ 창가쪽
- 通路(つうろ)がわ 통로쪽
- まん中(なか) 한가운데

✏️ 확인문제

1 일본어는 우리말로, 우리말은 일본어로 바꾸세요.

① にわ ☐☐

② いぬ ☐

③ さる ☐☐☐

④ ねこ ☐☐☐

⑤ うし ☐

⑥ 화장실 ☐☐

⑦ 호랑이 ☐☐

⑧ 부엌 ☐☐☐☐☐

⑨ 말 ☐☐

⑩ 돼지 ☐☐

2 빈 칸에 들어갈 말을 써 넣으세요.

A にわに ☐① いますか。

B いぬ ☐② ねこが います。

A へやには ☐③ いますか。

B すずきさん ☐④ さとうさんが います。

3 다음을 일본어로 말해 보세요.

① 방 안에 누군가 있어요?

② 기무라 씨는 정원에 있습니다.

③ 지금 화장실에는 아무도 없습니다.

日本の
文化

무너지는 종신고용제

일본에서는 한 번 취직하면 평생 한직장에서 일하고 때가 되면 승진하는 종신고용과 연공서열이 주된 일본식 경영방식이었지만, 버블(거품) 경제의 붕괴이후는 이런 제도에 대한 전반적인 재검토와 함께 능력주의를 중심으로 바뀌어 가고 있는데, 이러한 기업의 변화는 일본 사회 기반을 흔드는 변화라고 할 수 있다.

또, 요즘은 회사에 취직하지 않고 자신이 원하는 시간에 원하는 일을 하는 'フリーター(프리타:프리 아르바이터)'라고 불리는 젊은이들도 늘고 있는데, 산업구조의 변화와 함께 자신의 시간을 중요시하는 젊은이들이 점점 늘고 있다. 최근에는 'ニート'라고 해서 아예 취업하려는 의지가 없고 그냥 노는 백수들이 늘고 있다. 일단 대기업에 취직만 하면 평생 걱정없이 살 수 있는 시대는 이미 지나갔고, 출세나 명예보다 그냥 편하게 살고 싶어하는 젊은이들이 많아지고 있다.

＊「ニート」

「Not in Education, Employment or Training」의 약자. 주부와 학생을 제외한 비노동인구 중 15~34세의 사람을 「청년무업자(靑年無業者)」라고 정의.

どこに いますか　133

1과 あいさつ

듣기 p. 39

1 こんにちは。①
いただきます。⑥
おげんきですか。②
ありがとうございます。④
いってきます。⑧

さようなら。⑩
ごちそうさま。⑦
はい、おかげさまで。③
どういたしまして。⑤
いってらっしゃい。⑨

2 ① - ⓓ ② - ⓒ ③ - ⓐ

스크립트

1

① こんにちは。
② おげんきですか。
③ はい、おかげさまで。
④ ありがとうございます。
⑤ どういたしまして。
⑥ いただきます。
⑦ ごちそうさま。
⑧ いってきます。
⑨ いってらっしゃい。
⑩ さようなら。

2

① A：こんにちは。
　 B：ⓐ こんばんは。
　　　ⓑ はい、おかげさまで。
　　　ⓒ さようなら。
　　　ⓓ こんにちは。

② A：ありがとうございます。
　 B：ⓐ いただきます。
　　　ⓑ はい、おかげさまで。
　　　ⓒ いいえ、どういたしまして。

　　　ⓓ ただいま。

③ A：しつれいします。
　 B：ⓐ はい、どうぞ。
　　　ⓑ おつかれさまでした。
　　　ⓒ いってらっしゃい。
　　　ⓓ おかえりなさい。

확인문제 p. 40

1 ①-a ②-i ③-c ④-b ⑤-e
　 ⑥-h ⑦-d ⑧-j ⑨-g ⑩-f
2 ① ご, ざ　② そ, う　③ た, き　④ げ, ん
3 ① いってきます。
　 ② おかえりなさい。
　 ③ さようなら。

2과 しょうかい

듣기 p. 45

① はじめまして
② こちらこそ

스크립트

1

A：① (はじめまして)。
　　 わたしは李ともうします。
　　 どうぞよろしくおねがいします。
B：やまだです。
　　 ② (こちらこそ)どうぞよろしく。

확인문제   p. 51

1 ① 대학생 ② 전공 ③ 회사원
  ④ 취미 ⑤ 자동차 ⑥ かんこく
  ⑦ コンピューター ⑧ ドライブ ⑨ フランス
2 ① じゃ(では)ありません
  ② なんですか
  ③ の
3 ① はじめまして。
  ② こちらはたなかさんです。
  ③ わたしはこうこうせいです。
  ④ しゅみはなんですか。

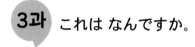 これは なんですか。

확인문제   p. 61

1 ① 사전 ② 무궁화
  ③ 백합 ④ 시계
  ⑤ 책 ⑥ ボールペン
  ⑦ プレゼント ⑧ かばん
  ⑨ ばら ⑩ コスモス
2 ① の ② の ③ ちがいます
3 ① それはなんですか。
  ② どうも。(どうもありがとうございます。)
  ③ これもたなかさんのですか。

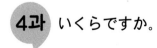 いくらですか。

듣기   p. 70

1 a, j
2 g, h
3 f

4 l, k

📢스크립트

1
A: いらっしゃいませ。
B: ハンバーガーとコーヒーをください。
A: ハンバーガーとコーヒーですね。ありがとうございました。

2
A: いらっしゃいませ。なにになさいますか。
B: えーと、そばと定食(ていしょく)をください。
A: はい、ありがとうございました。

3
A: いらっしゃいませ。
B: あのう、うどんをください。
A: はい、どうも。

4
A: おのみものはなにになさいますか。
B: コーラとジュースをください。
A: はい、しょうしょうお待(ま)ちください。

확인문제   p. 71

1 ① 장난감 ② 넥타이 ③ 구두, 신발
  ④ 휴대폰 ⑤ 햄버거 ⑥ ロボット
  ⑦ ぎんこう ⑧ エレベーター ⑨ コーラ
2 ① どこの ② いくら ③ ください
3 ① なんがいですか。
  ② このとけいはどこのですか。
  ③ いらっしゃいませ。

5과 なんじですか。

1 09:00~6:00 / 日
2 10:30~7:00 / 木
3 10:00~5:00 / 水
4 9:30~4:30 / 土日

스크립트

1
A: すみません。歯医者(はいしゃ)はなんじからなんじ
　　までですか。
B: ごぜんくじからごごろくじまでです。
A: やすみはなんようびですか。
B: にちようびです。

2
A: デパートははなんじからなんじまでですか。
B: ごぜんじゅうじはんからごごしちじまでです。
　　それからまいしゅうもくようびはやすみです。

3
A: ちょっとすみません。としょかんはなんじからなん
　　じまでですか。
B: ごぜんじゅうじからごごごじまでです。
A: げつようびはやすみですか。
B: いいえ、やすみはまいしゅうすいようびです。

4
A: ぎんこうはなんじからなんじまでですか。
B: げつようびからきんようびまで、ごぜんくじはんか
　　らごごよじはんまでです。
A: どようびはやすみですか。
B: はい、どようびとにちようびはやすみです。
A: どうもありがとうございました。

1 ① 모레 ② 도서관 ③ 오리엔테이션
　 ④ 그저께 ⑤ 휴일 ⑥ 기노우
　 ⑦ さらいしゅう ⑧ さらいねん
　 ⑨ どようび ⑩ にちようび
2 ① なんじですか ② なんじまで ③ まで
3 ① いま午前10(じゅう)時です。
　 ② ちょっとまってください。
　 ③ 9(く)時から6(ろく)時までです。
　 ④ きょうはなんようびですか。

6과 おいくつですか。

1 ⓑ
2 ⓒ
3 ⓐ
4 ⓓ

스크립트

1
わたしは四人家族(よにんかぞく)です。ちちとははと
おとうと、そしてわたしです。

2
わたしの家族はりょうしんとあねがひとり、いもうと
がひとりの五人家族(ごにんかぞく)です。

3
わたしにはつまとむすめがいます。むすめはいっさい
です。

4

わたしの家族は多いです。そふとそぼ、りょうしん、それにあねとあにがひとり、おとうともひとりいます。みんなではちにんです。

확인문제   p. 91

1 ① 여동생 ② 형, 오빠 ③ 아버지
  ④ 할머니 ⑤ 야구
  ⑥ ご(りょうしん) ⑦ お(ねえさん)
  ⑧ サ(ッカー) ⑨ はは ⑩ そふ
2 ① から ② まで
3 ① おいくつですか。
  ② (わたしの) おとうとははたちです。
  ③ さとうさんはなんにんかぞくですか。

7과 わたしの いちにち

확인문제   p. 103

1 ① 숙제 ② 요리 ③ 항상
  ④ 대개 ⑤ 점심 ⑥ ともだち
  ⑦ しょくどう ⑧ テレビ
  ⑨ しゃしん ⑩ えいがかん
2 ① は ② に ③ へ/ に(に/ へ)
  ④ から, まで ⑤ で, を
3 ① なんじごろいえに帰(かえ)りますか。
  ② わたしはまいあさ8(はち)時に会社(かいしゃ)へ
    行(い)きます。
  ③ ひるごはんはともだちといっしょに がっこうの
    しょくどうで食(た)べます。

8과 すきですか。

듣기   p. 114

1 a, c
2 b, c
3 a, c
4 a, d

스크립트

1
A: 日本語の勉強はどうですか。
B: ちょっとむずかしいですが、おもしろいです。

2
A: ホテルのへやはどうですか。
B: ちょっとせまいですが、きれいです。

3
A: あのレストランはどうですか。
B: おいしいですが、ちょっとたかいです。

4
A: そのセーターはどうですか。
B: いろはいいですが、ちょっとちいさいです。

확인문제   p. 115

1 ① 따뜻하다 ② 싸다 ③ 어렵다
  ④ 편리하다 ⑤ 깨끗하다
  ⑥ オレンジジュース ⑦ さむい
  ⑧ たかい ⑨ すきだ ⑩ しずかだ
2 ① なに ② は ③ に
  ④ は(も) ⑤ ありません(ないです)
3 ① あじはどうですか。
  ② がっこうのしょくどうはあまりおいしくありま

정답

せん（おいしくないです）。

③ わたしはコーヒーがすきです。

9과 なにが ありますか。

① d ② b ③ a ④ c

스크립트

1

A: あれ、さいふがありません。

B: さいふは、ほら、テレビの上ですよ。

A: あー、よかった。

2

A: めがねもテレビの上にありますか。

B: いいえ、めがねはつくえの上にありますよ。

A: つくえの上ですか。あ、ありました。

3

A: すみません。でんわはどこですか。

B: でんわはつくえのしたですよ。

A: つくえのした？

B: ええ、そこですよ。

A: あー、どうも。

4

A: ごみばこがありませんね。

B: ごみばこはそこのベットのよこですよ。

A: ベットのよこですか。

B: ありましたか。

A: はい、ありました。

1 ① 편지 ② 담배 ③ 야채가게
  ④ 재떨이 ⑤ 의자 ⑥ でんわ
  ⑦ えんぴつ ⑧ ざっし ⑨ やっきょく
  ⑩ ポスト

2 ① の ② か ③ が
  ④ や ⑤ など

3 ① テーブルのうえになにかありますか。
  ② ぎんこうとゆうびんきょくのあいだ
     にホテルがあります。
  ③ つくえのうえにさいふやじしょなどがありま
     す。

10과 どこに いますか。

1 ① 정원 ② 개 ③ 원숭이
  ④ 고양이 ⑤ 소 ⑥ トイレ
  ⑦ トラ ⑧ だいどころ ⑨ うま ⑩ ぶた

2 ① なにが ② と ③ だれが ④ と

3 ① へやの なかに だれか いますか。
  ② きむらさんは にわに います。
  ③ いま トイレには だれも いません。

 부록

- 동사 활용표

- 형용사 활용표

- 조수사 읽기

- 기간을 나타내는 말

- 색인

1. 동사 활용표

구분	기본형	ます형	て형	た형	たら형	ば형	れる형	せる형
1류동사	書^かく 쓰다	書きます	書いて	書いた	書いたら	書けば	書かれる	書かせる
	行^いく 가다	行きます	行って	行った	行ったら	行けば	行かれる	行かせる
	脱^ぬぐ 벗다	脱ぎます	脱いで	脱いだ	脱いだら	脱げば	脱がれる	脱がせる
	会^あう 만나다	会います	会って	会った	会ったら	会えば	会われる	会わせる
	立^たつ 서다	立ちます	立って	立った	立ったら	立てば	立たれる	立たせる
	乗^のる 타다	乗ります	乗って	乗った	乗ったら	乗れば	乗られる	乗らせる
	死^しぬ 죽다	死にます	死んで	死んだ	死んだら	死ねば	死なれる	死なせる
	遊^{あそ}ぶ 놀다	遊びます	遊んで	遊んだ	遊んだら	遊べば	遊ばれる	遊ばせる
	飲^のむ 마시다	飲みます	飲んで	飲んだ	飲んだら	飲めば	飲まれる	飲ませる
	話^{はな}す 이야기하다	話します	話して	話した	話したら	話せば	話される	話させる
2류동사	起^おきる 일어나다	起きます	起きて	起きた	起きたら	起きれば	起きられる	起きさせる
	食^たべる 먹다	食べます	食べて	食べた	食べたら	食べれば	食べられる	食べさせる
3류동사	来^くる 오다	来^きます	来^きて	来^きた	来^きたら	来^くれば	来^こられる	来^こさせる
	する 하다	します	して	した	したら	すれば	される	させる

구분	가능형	ない형	なかった형	う형	명령형	비고
1류동사	書ける	書かない	書かなかった	書こう	書け	「い」음편:「く」로 끝나는 동사
	行ける	行かない	行かなかった	行こう	行け	「い」음편 예외동사: 「く」로 끝나지만 「つ」음편.
	脱げる	脱がない	脱がなかった	脱ごう	脱げ	「い」음편:「ぐ」로 끝나는 동사
	会える	会わない	会わなかった	会おう	会え	「つ」음편:「う」로 끝나는 동사
	立てる	立たない	立たなかった	立とう	立て	「つ」음편:「つ」로 끝나는 동사
	乗れる	乗らない	乗らなかった	乗ろう	乗れ	「つ」음편:「る」로 끝나는 동사
	死ねる	死なない	死ななかった	死のう	死ね	「ん」음편:「ぬ」로 끝나는 동사
	遊べる	遊ばない	遊ばなかった	遊ぼう	遊べ	「ん」음편:「ぶ」로 끝나는 동사
	飲める	飲まない	飲まなかった	飲もう	飲め	「ん」음편:「む」로 끝나는 동사
	話せる	話さない	話さなかった	話そう	話せ	「す」로 끝나는 동사는 음편없음.
2류동사	起きられる	起きない	起きなかった	起きよう	起きろ	최근에는 「起きられる」를 「起きれる」라고도 함.
	食べられる	食べない	食べなかった	食べよう	食べろ	최근에는 「食べられる」를 「食べれる」라고도 함.
3류동사	来られる	来ない	来なかった	来よう	来い	カ行변격동사
	できる	しない	しなかった	しよう	しろ	サ行변격동사

2. 형용사 활용표

구분		기본형	です형	て형	た형	たら형	~ない형
イ형용사		大きい 크다	大きいです	大きくて	大きかった	大きかったら	大きくない
		美しい 아름답다	美しいです	美しくて	美しく	美しかったら	美しくない
		いい 좋다	いいです	よくて	よかった	よかったら	よくない
		よい 좋다	よいです	よくて	よかった	よかったら	よくない
		ない 없다	ないです	なくて	なかった	なかったら	ある(なくはない)
조동사		~たい ~고 싶다	~たいです	~たくて	~たかった	~たかったら	~たくない
ナ형용사		きれいだ 예쁘다	きれいです	きれいで	きれいだった	きれいだったら	きれいで(は)ない
		まじめだ 성실하다	まじめです	まじめで	まじめだった	まじめだったら	まじめで(は)ない
		静かだ 조용하다	静かです	静かで	静かだった	静かだったら	静かで(は)ない
		明らかだ 분명하다	明らかです	明らかで	明らかだった	明らかだったら	明らかで(は)ない
		おだやかだ 온화하다	おだやかです	おだやかで	おだやかだった	おだやかだったら	おだやかで(は)ない
		親切だ 친절하다	親切です	親切で	親切だった	親切だったら	親切で(は)ない
		上手だ 잘하다	上手です	上手で	上手だった	上手だったら	上手で(は)ない
		社会的だ 사회적이다	社会的です	社会的で	社会的だった	社会的だったら	社会的で(は)ない
		ハンサムだ 핸섬하다	ハンサムです	ハンサムで	ハンサムだった	ハンサムだったら	ハンサムで(は)ない

구분		なかった형	だろう형	なら형	부사형	비고
イ형용사		大きくなかった	大きいだろう	大きいなら	大きく	일반적인 イ형용사
		美しくなかった	美しいです	美しくて	美しく	
		よくなかった	よいだろう	よいなら	よく	「いい」는 「よい」로 활용한다.
		よくなかった	よいだろう	よいなら	よく	
		あった (なくはなかった)	ないだろう	ないなら		'없다'는 뜻의 「ない」
조동사		~たくなかった	~たいだろう	~たいなら		イ형용사와 모양이 같은 조동사
ナ형용사		きれいで(は)なかった	きれいだろう	きれいなら	きれいに	
		まじめで(は)なかった	まじめだろう	まじめなら	まじめに	
		静かで(は)なかった	静かだろう	静かなら	静かに	
		明らかで(は)なかった	明らかだろう	明らかなら	明らかに	
		おだやかで(は)なかった	おだやかだろう	おだやかなら	おだやかに	
		親切で(は)なかった	親切だろう	親切なら	親切に	
		上手で(は)なかった	上手だろう	上手なら	上手に	
		社会的で(は)なかった	社会的だろう	社会的なら	社会的に	「~的」로 끝나는 말
		ハンサムで(は)なかった	ハンサムだろう	ハンサムなら		외래어는 대개 ナ형용사 활용을 함.

3. 조수사 읽기

구분		~冊(권)	~軒(채)	~台(대)	~本(자루)
1	いち	いっさつ	いっけん	いちだい	いっぽん
2	に	にさつ	にけん	にだい	にほん
3	さん	さんさつ	さんげん	さんだい	さんぼん
4	し・よん	よんさつ	よんけん	よんだい	よんほん
5	ご	ごさつ	ごけん	ごだい	ごほん
6	ろく	ろくさつ	ろっけん	ろくだい	ろっぽん(ろくほん)
7	しち・なな	ななさつ	ななけん	ななだい	ななほん
8	はち	はっさつ	はっけん(はちけん)	はちだい	はっぽん(はちほん)
9	きゅう	きゅうさつ	きゅうけん	きゅうだい	きゅうほん
10	じゅう	じゅっさつ (じっさつ)	じゅっけん (じっけん)	じゅうだい	じゅっぽん (じっぽん)
?		なんさつ	なんげん	なんだい	なんぼん
		책을 셀 때	집이나 건물을 셀 때	기계나 자동차를 셀 때	연필이나, 담배, 우산 등 긴 것을 셀 때

4. 기간을 나타내는 말

구분		~泊(박)	~週間(주간)	~カ月(개월)	~年(년)
1	いち	いっぱく	いっしゅうかん	いっかげつ	いちねん
2	に	にはく	にしゅうかん	にかげつ	にねん
3	さん	さんぱく	さんしゅうかん	さんかげつ	さんねん
4	し・よん	よんぱく	よんしゅうかん	よんかげつ	よねん
5	ご	ごはく	ごしゅうかん	ごかげつ	ごねん
6	ろく	ろっぱく	ろくしゅうかん	ろっかげつ	ろくねん
7	しち・なな	ななはく	ななしゅうかん	ななかげつ	ななねん(しちねん)
8	はち	はっぱく (はちはく)	はっしゅうかん	はっかげつ	はちねん
9	きゅう	きゅうはく	きゅうしゅうかん	きゅうかげつ	きゅうねん
10	じゅう	じゅっぱく (じっぱく)	じゅっしゅうかん (じっしゅうかん)	じゅっかげつ (じっかげつ)	じゅうねん
?		なんぱく なんはく	なんしゅうかん	なんかげつ	なんねん
		1박2일은 いっぱくふつか			

색인

か行

な行

ら行

わ行

저자 박 유 자(朴裕子)

일본 교토 출생
한국외국어대학교 졸업
한국외국어대학교 일어일문과 박사과정 졸업(문학박사)
미국 ACTFL주관 O.P.I시험관 양성강좌 이수
前 이화여자대학교 언어교육원 일본어 강사
　한국외국어대학교, 단국대학교 일본어과 강사
　한국외국어대학교 외국어연수평가원 강사
　중앙대학교 일어학과 부교수
저서 「와쿠와쿠 일본어 초급」
　　「와쿠와쿠 일본어 회화1」(제이플러스)
감수 「일본어문법 플러스」
　　「시험에 강해지는 핵심 일본어문법」
　　「시험에 꼭 나오는 필수 일본어문형 352」(제이플러스)

보고 듣고 따라하는
New 일본어 첫걸음

개정판2쇄 2024년 2월 20일

저자	박유자
발행인	이기선
발행처	제이플러스
주소	서울시 마포구 월드컵로 31길 62
전화	영업부 02-332-8320 편집부 02-3142-2520
팩스	02-332-8321
홈페이지	www.jplus114.com
등록번호	제10-1680호
등록일자	1998년 12월 9일
ISBN	979-11-5601-232-0

ⓒ Park Yu-Ja 2007, 2015, 2023

값 16,800원 (음원QR포함, 단어장 포함)

이 책은 "보고 듣고 따라하는 일본어첫걸음"의 개정판으로
책의 크기와 제호가 바뀌었음을 알려드립니다.

memo

memo